Schöningh
westermann

EinFach
Deutsch

AF177706

Arthur Schnitzler

Reigen

Zehn Dialoge

Von Roland Kroemer

Herausgegeben von
Johannes Diekhans

Die Textausgabe basiert im Wortlaut auf folgender Ausgabe:
Arthur Schnitzler: Reigen. Zehn Dialoge. Wien: Verlag Benjamin Harz 1919

© 2012 Bildungshaus Schulbuchverlage
Westermann Schroedel Diesterweg Schöningh Winklers GmbH,
Georg-Westermann-Allee 66, 38104 Braunschweig
www.westermann.de

Druck A^5 / Jahr 2023
Alle Drucke der Serie A sind im Unterricht parallel verwendbar.

Umschlaggestaltung: Jennifer Kirchhof
Druck und Bindung: Westermann Druck Zwickau GmbH,
Crimmitschauer Straße 43, 08058 Zwickau

ISBN 978-3-14-**022545**-8

Arthur Schnitzler:
Reigen. Zehn Dialoge

Personen

Die Dirne
Der Soldat
Das Stubenmädchen
Der junge Herr
Die junge Frau
Der Ehegatte
Das süße Mädel
Der Dichter
Die Schauspielerin
Der Graf

Die Dirne und der Soldat

Spät abends. An der Augartenbrücke[1].

Soldat *(kommt pfeifend, will nach Hause).*
Dirne.
   Komm, mein schöner Engel.
5 **Soldat** *(wendet sich um und geht wieder weiter).*
Dirne.
   Willst du nicht mit mir kommen?
Soldat.
   Ah, i c h bin der schöne Engel?
10 **Dirne.**
   Freilich, wer denn? Geh, komm zu mir. Ich wohn gleich in der
   Näh.
Soldat.
   Ich hab keine Zeit. Ich muss in die Kasern'!
15 **Dirne.**
   In die Kasern' kommst immer noch zurecht. Bei mir is besser.
Soldat *(ihr nahe).*
   Das ist schon möglich.
Dirne.
20   Pst. Jeden Moment kann ein Wachmann kommen.
Soldat.
   Lächerlich! Wachmann! Ich hab auch mein Seiteng'wehr[2]!
Dirne.
   Geh, komm mit.
25 **Soldat.**
   Lass mich in Ruh. Geld hab ich eh keins.
Dirne.
   Ich brauch kein Geld.
Soldat *(bleibt stehen. Sie sind bei einer Laterne).*
30   Du brauchst kein Geld? Wer bist denn du nachher?

---

[1] Brücke am Donaukanal in Wien
[2] Seitengewehr: an den Gewehrlauf aufgesteckte Stichwaffe, Bajonett

Dirne.

ZahIen tun mir die Zivilisten. So einer wie du, kann's immer umsonst bei mir haben.

Soldat.

5 Du bist am End die, von der mir der Huber erzählt hat. –

Dirne.

Ich kenn kein' Huber nicht.

Soldat.

Du wirst schon die sein. Weißt – in dem Kaffeehaus in der
10 Schiffgassen[1] – von dort ist er mit dir z' Haus gangen.

Dirne.

Von dem Kaffeehaus bin ich schon mit gar vielen z' Haus gangen ... oh! oh! –

Soldat.

15 Also gehn wir, gehn wir.

Dirne.

Was, jetzt hast's eilig?

Soldat.

Na, worauf soll'n wir noch warten? Und um zehn muss ich in
20 der Kasern' sein.

Dirne.

Wie lang dienst denn schon?

Soldat.

Was geht denn das dich an? Wohnst weit?

25 **Dirne.**

Zehn Minuten zum Gehn.

Soldat.

Das ist mir zu weit. Gib mir ein Pussel[2].

Dirne *(küsst ihn).*

30 Das ist mir eh das liebste, wenn ich einen gern hab!

Soldat.

Mir nicht. Nein, ich geh nicht mit dir, es ist mir zu weit.

Dirne.

Weißt was, komm morgen am Nachmittag.

---

[1] Straße im 2. Wiener Bezirk, damals bekannter Ort der Prostitution
[2] Busserl (österr.): Küsschen

Soldat

Gut is. Gib mir deine Adresse.

Dirne.

Aber du kommst am End nicht.

5 **Soldat.**

Wenn ich dir's sag!

Dirne.

Du, weißt was – wenn's dir zu weit ist heut abend zu mir – da ... da ... *(weist auf die Donau)*.

10 **Soldat.**

Was ist das?

Dirne.

Da ist auch schön ruhig ... jetzt kommt kein Mensch.

Soldat.

15 Ah, das ist nicht das Rechte.

Dirne.

Bei mir is immer das Rechte. Geh, bleib jetzt bei mir. Wer weiß, ob wir morgen noch's Leben haben.

Soldat.

20 So komm – aber g'schwind.

Dirne.

Gib Obacht, da ist so dunkel. Wennst ausrutschst, liegst in der Donau.

Soldat.

25 Wär eh das Beste.

Dirne.

Pst, so wart nur ein bissel. Gleich kommen wir zu einer Bank.

Soldat.

Kennst dich da gut aus.

30 **Dirne.**

So einen wie dich möcht ich zum Geliebten.

Soldat.

Ich tät dir zu viel eifern.

Dirne.

35 Das möcht ich dir schon abgewöhnen.

Soldat.

Ha –

Dirne.

Nicht so laut. Manchmal is doch, dass sich ein Wachter[1] her-
verirrt. Sollt man glauben, dass wir da mitten in der Wiener-
stadt sind?

5 **Soldat.**

Daher komm, daher.

Dirne.

Aber was fällt dir denn ein, wenn wir da ausrutschen, liegen
wir im Wasser unten.

10 **Soldat** *(hat sie gepackt).*

Ah, du –

Dirne.

Halt dich nur fest an.

Soldat.

15 Hab kein' Angst ...

— —

Dirne.

Auf der Bank wär's schon besser gewesen.

Soldat.

20 Da oder da ... Na, krall aufi.

Dirne.

Was laufst denn so –

Soldat.

Ich muss in die Kasern', ich komm eh schon zu spät.

25 **Dirne.**

Geh, du, wie heißt denn?

Soldat.

Was interessiert dich denn das, wie ich heiß?

Dirne.

30 Ich heiß Leocadia.

Soldat.

Ha! – So an' Namen hab ich auch noch nie gehört.

Dirne.

Du!

---

[1] Wachmann

Soldat.

Na, was willst denn?

Dirne.

Geh, ein Sechserl für'n Hausmeister gib mir wenigstens! –

5 **Soldat.**

Ha! ... Glaubst, ich bin deine Wurzen[1] ... Servus! Leocadia ...

Dirne.

Strizzi![2] Fallot! –[3]

(Er ist verschwunden.)

---

[1] österr.: jmd., der sich ausnutzen lässt
[2] Strolch, Zuhälter
[3] österr.: Betrüger, Gauner, Lump

Der Soldat und das Stubenmädchen

Prater[1]. Sonntagabend. – Ein Weg, der vom Wurstelprater[2] aus in die
dunkeln Alleen führt. Hier hört man noch die wirre Musik aus dem
Wurstelprater; auch die Klänge vom Fünfkreuzertanz, eine ordinäre
Polka, von Bläsern gespielt.
5 *Der Soldat. Das Stubenmädchen.*

Stubenmädchen.
    Jetzt sagen S' mir aber, warum S' durchaus schon haben fort-
gehen müssen.
Soldat *(lacht verlegen, dumm).*
10 **Stubenmädchen.**
    Es ist doch so schön gewesen. Ich tanz so gern.
Soldat *(fasst sie um die Taille).*
Stubenmädchen *(lässt's geschehen).*
    Jetzt tanzen wir ja nimmer. Warum halten S' mich so fest?
15 **Soldat.**
    Wie heißen S'? Kathi?
Stubenmädchen.
    Ihnen ist immer eine Kathi im Kopf.
Soldat.
20   Ich weiß, ich weiß schon ... Marie.
Stubenmädchen.
    Sie, da ist aber dunkel. Ich krieg so eine Angst.
Soldat.
    Wenn ich bei Ihnen bin, brauchen S' Ihnen nicht zu fürchten.
25   Gott sei Dank, mir sein mir![3]
Stubenmädchen.
    Aber wohin kommen wir denn da? Da ist ja kein Mensch mehr.
    Kommen S', gehn wir zurück! – Und so dunkel!
Soldat *(zieht an seiner Virginierzigarre[4], dass das rote Ende leuchtet).*
30   's wird schon lichter. Haha! Oh, du Schatzerl!

---

[1] öffentliche Parkanlage im 2. Wiener Bezirk
[2] Vergnügungspark im Prater (mit dem berühmten Riesenrad)
[3] österr., Dialekt: Wir sind wir.
[4] Lange, dünne Zigarre mit Mundstück

Stubenmädchen.

Ah, was machen S' denn? Wenn ich das gewusst hätt!

Soldat.

Also der Teufel soll mich holen, wenn eine heut beim Swobo-
5   da[1] mollerter[2] gewesen ist als Sie, Fräul'n Marie.

Stubenmädchen.

Haben S' denn bei allen so probiert?

Soldat.

Was man so merkt, beim Tanzen. Da merkt man gar viel!
10 Ha!

Stubenmädchen.

Aber mit der Blonden mit dem schiefen Gesicht haben S' doch
mehr 'tanzt als mit mir.

Soldat.

15 Das ist eine alte Bekannte von einem meinigen Freund.

Stubenmädchen.

Von dem Korporal[3] mit dem auf'drehten Schnurrbart?

Soldat.

Ah nein, das ist der Zivilist gewesen, wissen S', der im Anfang
20 am Tisch mit mir g'sessen ist, der so heisrig red't.

Stubenmädchen.

Ah, weiß schon. Das ist ein kecker Mensch.

Soldat.

Hat er Ihnen was 'tan? Dem möcht ich's zeigen! Was hat er
25 Ihnen 'tan?

Stubenmädchen.

O nichts – ich hab nur gesehn, wie er mit die andern ist.

Soldat.

Sagen S', Fräulein Marie ...

30 **Stubenmädchen.**

Sie werden mich verbrennen mit Ihrer Zigarrn.

Soldat.

Pahdon! – Fräul'n Marie. Sagen wir uns du.

---

[1] Tanzlokal im Prater
[2] mollert: mollig, üppig
[3] Unteroffizier

Stubenmädchen.

Wir sein noch nicht so gute Bekannte. –

Soldat.

Es können sich gar viele nicht leiden und sagen doch du zuein-
5   ander.

Stubenmädchen.

's nächstemal, wenn wir ... Aber, Herr Franz –

Soldat.

Sie haben sich meinen Namen g'merkt?

10 **Stubenmädchen.**

Aber, Herr Franz ...

Soldat.

Sagen S' Franz, Fräulein Marie.

Stubenmädchen.

15   So sein S' nicht so keck – aber pst, wenn wer kommen tät!

Soldat.

Und wenn schon einer kommen tät, man sieht ja nicht zwei
Schritt weit.

Stubenmädchen.

20   Aber um Gottes willen, wohin kommen wir denn da?

Soldat.

Sehn S', da sind zwei grad wie mir.

Stubenmädchen.

Wo denn? Ich seh gar nichts.

25 **Soldat.**

Da ... vor uns.

Stubenmädchen.

Warum sagen S' denn: zwei wie mir? –

Soldat.

30   Na, ich mein halt, die haben sich auch gern.

Stubenmädchen.

Aber geben S' doch acht, was ist denn da, jetzt wär ich beinah
g'fallen.

Soldat.

35   Ah, das ist das Gatter von der Wiesen.

Stubenmädchen.

Stoßen S' doch nicht so, ich fall ja um.

Soldat.

Pst, nicht so laut.

Stubenmädchen.

Sie, jetzt schrei ich aber wirklich. – Aber was machen S' denn
5 ... aber –

Soldat.

Da ist jetzt weit und breit keine Seel.

Stubenmädchen.

So gehn wir zurück, wo Leut sein.

10 **Soldat.**

Wir brauchen keine Leut, was, Marie, wir brauchen ... dazu ...
haha.

Stubenmädchen.

Aber, Herr Franz, bitt Sie, um Gottes willen, schaun S', wenn
15 ich das ... gewusst ... oh ... oh ... komm! ...

– –

Soldat *(selig)*.

Herrgott noch einmal ... ah ...

Stubenmädchen.

... Ich kann dein G'sicht gar nicht sehn.

20 **Soldat.**

Ah was – G'sicht ...

– –

Soldat.

Ja, Sie, Fräul'n Marie, da im Gras können S' nicht liegenblei-
ben.

25 **Stubenmädchen.**

Geh, Franz, hilf mir.

Soldat.

Na, komm zugi[1].

Stubenmädchen.

30 O Gott, Franz.

Soldat.

Na ja, was ist denn mit dem Franz?

-----

[1] österr., Dialekt: zügig

Stubenmädchen.

Du bist ein schlechter Mensch, Franz.

Soldat.

Ja, ja. Geh, wart ein bissel.

5 **Stubenmädchen.**

Was lasst mich denn aus?

Soldat.

Na, die Virginier werd ich mir doch anzünden dürfen.

Stubenmädchen.

10 Es ist so dunkel.

Soldat.

Morgen früh ist schon wieder licht.

Stubenmädchen.

Sag wenigstens, hast mich gern?

15 **Soldat.**

Na, das musst doch g'spürt haben, Fräul'n Marie, ha!

Stubenmädchen.

Wohin gehn wir denn?

Soldat.

20 Na, zurück.

Stubenmädchen.

Geh, bitt dich, nicht so schnell!

Soldat.

Na, was ist denn? Ich geh nicht gern in der finstern.

25 **Stubenmädchen.**

Sag, Franz, hast mich gern?

Soldat.

Aber grad hab ich's g'sagt, dass ich dich gern hab!

Stubenmädchen.

30 Geh, willst mir nicht ein Pussel geben?

Soldat (*gnädig*).

Da ... Hörst, – jetzt kann man schon wieder die Musik hören.

Stubenmädchen.

Du möcht'st am End gar wieder tanzen gehn?

35 **Soldat.**

Na freilich, was denn?

Stubenmädchen.

Ja, Franz, schau, ich muss zu Haus gehn. Sie werden eh schon schimpfen, mei Frau ist so eine ... die möcht am liebsten, man ging gar nicht fort.

5 **Soldat.**

Na ja, geh halt zu Haus.

Stubenmädchen.

Ich hab halt 'dacht, Herr Franz, Sie werden mich z' Haus führen.

10 **Soldat.**

Z' Haus führen? Ah!

Stubenmädchen.

Gehn S', es ist so traurig, allein z' Haus gehn.

Soldat.

15 Wo wohnen S' denn?

Stubenmädchen.

Es ist gar nicht so weit – in der Porzellangasse[1].

Soldat.

So? Ja, da haben wir ja einen Weg ... aber jetzt ist's mir zu früh
20 ... jetzt wird noch 'draht, heut hab ich über Zeit ... vor zwölf brauch ich nicht in der Kasern' zu sein. I geh noch tanzen.

Stubenmädchen.

Freilich, ich weiß schon, jetzt kommt die Blonde mit dem schiefen Gesicht dran!

25 **Soldat.**

Ha! – Der ihr G'sicht ist gar nicht so schief.

Stubenmädchen.

O Gott, sein die Männer schlecht. Was, Sie machen's sicher mit einer jeden so.

30 **Soldat.**

Das wär z'viel! –

Stubenmädchen.

Franz, bitt schön, heut nimmer, – heut bleiben S' mit mir, schaun S' –

---

[1] Straße im 9. Wiener Bezirk, zu Fuß in etwa einer Dreiviertelstunde vom Prater zu erreichen

Soldat.

Ja, ja, ist schon gut. Aber tanzen werd ich doch noch dürfen.

Stubenmädchen.

Ich tanz heut mit kein' mehr!

5 **Soldat.**

Da ist er ja schon ...

Stubenmädchen.

Wer denn?

Soldat.

10 Der Swoboda! Wie schnell wir wieder da sein. Noch immer
spielen s' das ... tadarada tadarada *(singt mit)* ... Also wannst
auf mich warten willst, so führ ich dich z' Haus ... wenn nicht
... Servas –

Stubenmädchen.

15 Ja, ich werd warten.

(Sie treten in den Tanzsaal ein.)

Soldat.

Wissen S', Fräul'n Marie, ein Glas Bier lassen S' Ihnen geben.
(Zu einer Blonden sich wendend, die eben mit einem Burschen vor-
20 *beitanzt, sehr hochdeutsch).* Mein Fräulein, darf ich bitten? –

Das Stubenmädchen und
der junge Herr

Heißer Sommernachmittag. – Die Eltern sind schon auf dem Lande.
– Die Köchin hat Ausgang. – Das Stubenmädchen schreibt in der
Küche einen Brief an den Soldaten, der ihr Geliebter ist. Es klingelt
aus dem Zimmer des jungen Herrn. Sie steht auf und geht ins
5 *Zimmer des jungen Herrn.*
Der junge Herr liegt auf dem Diwan[1], raucht, und liest einen
französischen Roman[2].

Das Stubenmädchen.

Bitt schön, junger Herr?

10 **Der junge Herr.**

Ah ja, Marie, ah ja, ich hab geläutet, ja … was hab ich nur … ja
richtig, die Rouletten[3] lassen S' herunter, Marie … Es ist kühler,
wenn die Rouletten unten sind … ja …

(Das Stubenmädchen geht zum Fenster und lässt die Rouletten
15 *herunter).*

Der junge Herr *(liest weiter).*

Was machen S' denn, Marie? Ah ja. Jetzt sieht man aber gar
nichts zum Lesen.

Das Stubenmädchen.

20 Der junge Herr ist halt immer so fleißig.

Der junge Herr *(überhört das vornehm).*

So, ist gut.

(Marie geht.)

Der junge Herr *(versucht weiter zu lesen; lässt bald das Buch fallen,*
25 *klingelt wieder).*

Das Stubenmädchen *(erscheint).*

Der junge Herr.

Sie, Marie … ja, was ich habe sagen wollen … ja … ist vielleicht
ein Kognak zu Haus?

---

[1] Liegesofa
[2] vermutlich einen Roman erotischen Inhalts
[3] hier: Rollladen

Das Stubenmädchen.

Ja, der wird eingesperrt sein.

Der junge Herr.

Na, wer hat denn die Schlüssel?

5 **Das Stubenmädchen.**

Die Schlüssel hat die Lini.

Der junge Herr.

Wer ist die Lini?

Das Stubenmädchen.

10 Die Köchin, Herr Alfred.

Der junge Herr.

Na, so sagen S' es halt der Lini.

Das Stubenmädchen.

Ja, die Lini hat heut Ausgang.

15 **Der junge Herr.**

So ...

Das Stubenmädchen.

Soll ich dem jungen Herrn vielleicht aus dem Kaffeehaus ...

Der junge Herr.

20 Ah nein ... es ist so heiß genug. Ich brauch keinen Kognak. Wissen S', Marie, bringen Sie mir ein Glas Wasser. Pst, Marie – aber laufen lassen, dass es recht kalt ist. –

(Das Stubenmädchen ab.)

Der junge Herr *(sieht ihr nach, bei der Tür wendet sich das Stuben-*

25 *mädchen nach ihm um; der junge Herr schaut in die Luft. – Das Stubenmädchen dreht den Hahn der Wasserleitung auf, lässt das Wasser laufen. Während dem geht sie in ihr kleines Kabinett, wäscht sich die Hände, richtet vor dem Spiegel ihre Schneckerln[1]. Dann bringt sie dem jungen Herrn das Glas Wasser. Sie tritt zum*

30 *Diwan).*

Der junge Herr *(richtet sich zur Hälfte auf, das Stubenmädchen gibt ihm das Glas in die Hand, ihre Finger berühren sich).*

---

[1] schneckenförmig aufgerollte Zöpfe

Der junge Herr.

So, danke. – Na, was ist denn? – Geben Sie acht; stellen Sie das
Glas wieder auf die Tasse ... *(Er legt sich hin und streckt sich aus.)*
Wie spät ist's denn? –

5 **Das Stubenmädchen.**

Fünf Uhr, junger Herr.

Der junge Herr.

So, fünf Uhr. – Ist gut. –

Das Stubenmädchen *(geht; bei der Tür wendet sie sich um; der junge*
10 *Herr hat ihr nachgeschaut; sie merkt es und lächelt).*

Der junge Herr *(bleibt eine Weile liegen, dann steht er plötzlich auf.*
Er geht bis zur Tür, wieder zurück, legt sich auf den Diwan. Er ver-
sucht wieder zu lesen. Nach ein paar Minuten klingelt er wieder).

Das Stubenmädchen *(erscheint mit einem Lächeln, das sie nicht zu*
15 *verbergen sucht).*

Der junge Herr.

Sie, Marie, was ich Sie hab fragen wollen. War heut vormittag
nicht der Doktor Schüller da?

Das Stubenmädchen.

20 Nein, heut vormittag war niemand da.

Der junge Herr.

So, das ist merkwürdig. Also der Doktor Schüller war nicht da?
Kennen Sie überhaupt den Doktor Schüller?

Das Stubenmädchen.

25 Freilich. Das ist er große Herr mit dem schwarzen Vollbart.

Der junge Herr.

Ja. War er vielleicht doch da?

Das Stubenmädchen.

Nein, es war niemand da, junger Herr.

30 **Der junge Herr** *(entschlossen).*

Kommen Sie her, Marie.

Das Stubenmädchen *(tritt etwas näher).*

Bitt schön.

Der junge Herr.

35 Näher ... so ... ah ... ich hab nur geglaubt ...

Das Stubenmädchen.

Was haben der junge Herr?

Der junge Herr.

Geglaubt ... geglaubt hab ich – Nur wegen Ihrer Blusen ... Was ist das für eine ... Na, kommen S' nur näher. Ich beiß Sie ja nicht.

5 **Das Stubenmädchen** *(kommt zu ihm).*

Was ist mit meiner Blusen? G'fallt sie dem jungen Herrn nicht?

Der junge Herr *(fasst die Bluse an, wobei er das Stubenmädchen zu sich herabzieht).*

10 Blau? Das ist ganz ein schönes Blau. *(Einfach.)* Sie sind sehr nett angezogen, Marie.

Das Stubenmädchen.

Aber junger Herr ...

Der junge Herr.

15 Na, was ist denn? ... *(er hat ihre Bluse geöffnet. Sachlich:)* Sie haben eine schöne weiße Haut, Marie.

Das Stubenmädchen.

Der junge Herr tut mir schmeicheln.

Der junge Herr *(küsst sie auf die Brust).*

20 Das kann doch nicht weh tun.

Das Stubenmädchen.

O nein.

Der junge Herr.

Weil Sie so seufzen! Warum seufzen Sie denn?

25 **Das Stubenmädchen.**

Oh, Herr Alfred ...

Der junge Herr.

Und was Sie für nette Pantoffeln haben ...

Das Stubenmädchen.

30 ... Aber ... junger Herr ... wenn's draußen läut' –

Der junge Herr.

Wer wird denn jetzt läuten?

Das Stubenmädchen.

Aber junger Herr ... schaun S' ... es ist so licht ...

35 **Der junge Herr.**

Vor mir brauchen Sie sich nicht zu genieren. Sie brauchen sich überhaupt vor niemandem ... wenn man so hübsch ist. Ja, meiner Seel; Marie, Sie sind ... Wissen Sie, Ihre Haare riechen sogar angenehm.

Das Stubenmädchen.

Herr Alfred ...

5 **Der junge Herr.**

Machen Sie keine solchen Geschichten, Marie ... ich hab Sie schon anders auch gesehn. Wie ich neulich in der Nacht nach Haus gekommen bin und mir Wasser geholt hab; da ist die Tür zu Ihrem Zimmer offen gewesen ... na ...

10 **Das Stubenmädchen** *(verbirgt ihr Gesicht).*

O Gott, aber das hab ich gar nicht gewusst, dass der Herr Alfred so schlimm sein kann.

Der junge Herr.

Da hab ich sehr viel gesehen ... das ... und das ... und das ... und

15 —

Das Stubenmädchen.

Aber, Herr Alfred!

Der junge Herr.

Komm, komm ... daher ... so, ja so ...

20 **Das Stubenmädchen.**

Aber wenn jetzt wer läutet —

Der junge Herr.

Jetzt hören Sie schon einmal auf ... macht man höchstens nicht auf ...

‒ ‒

25 *(Es klingelt.)*

Der junge Herr.

Donnerwetter ... Und was der Kerl für einen Lärm macht. — Am End hat der schon früher geläutet und wir haben's nicht gemerkt.

30 **Das Stubenmädchen.**

Oh, ich hab alleweil aufgepasst.

Der junge Herr.

Na, so schaun S' endlich nach – durchs Guckerl[1]. —

---

[1] österr.: Guckloch, Türspion

Das Stubenmädchen.

Herr Alfred ... Sie sind aber ... nein ... so schlimm.

Der junge Herr.

Bitt Sie, schaun S' jetzt nach ...

5 **Das Stubenmädchen** *(geht ab)*.

Der junge Herr *(öffnet rasch die Rouleaux[1])*.

Das Stubenmädchen *(erscheint wieder)*.

Der ist jedenfalls schon wieder weggangen. Jetzt ist niemand mehr da. Vielleicht ist es der Doktor Schüller gewesen.

10 **Der junge Herr** *(ist unangenehm berührt)*.

Es ist gut.

Das Stubenmädchen *(nähert sich ihm)*.

Der junge Herr *(entzieht sich ihr)*.

– Sie, Marie, – ich geh jetzt ins Kaffeehaus.

15 **Das Stubenmädchen** *(zärtlich)*.

Schon ... Herr Alfred.

Der junge Herr *(streng)*.

Ich geh jetzt ins Kaffeehaus. Wenn der Doktor Schüller kommen sollte –

20 **Das Stubenmädchen.**

Der kommt heut nimmer.

Der junge Herr *(noch strenger)*.

Wenn der Doktor Schüller kommen sollte, ich, ich ... ich bin – im Kaffeehaus. –

25 *(Geht ins andere Zimmer.)*

(Das Stubenmädchen nimmt eine Zigarre vom Rauchtisch, steckt sie ein und geht ab.)

---

[1] Rollo

Der junge Herr und die junge Frau

Abend. – Ein mit banaler Eleganz möblierter Salon in einem Hause
der Schwindgasse[1].

Der junge Herr ist eben eingetreten, zündet, während er noch den
Hut auf dem Kopf und den Überzieher anhat, die Kerzen an. Dann
5 *öffnet er die Tür zum Nebenzimmer und wirft einen Blick hinein.*
Von den Kerzen des Salons geht der Lichtschein über das Parkett bis
zu einem Himmelbett, das an der abschließenden Wand steht. Von
dem Kamin in einer Ecke des Schlafzimmers verbreitet sich ein
rötlicher Lichtschein auf die Vorhänge des Bettes. – Der junge Herr
10 *besichtigt auch das Schlafzimmer. Von dem Trumeau[2] nimmt er*
einen Sprayapparat und bespritzt die Bettpolster mit feinen Strahlen
von Veilchenparfüm. Dann geht er mit dem Sprayapparat durch
beide Zimmer und drückt unaufhörlich auf den kleinen Ballon, so
dass es bald überall nach Veilchen riecht. Dann legt er Überzieher
15 *und Hut ab. Er setzt sich auf das blausamtene Fauteuil[3], zündet sich*
eine Zigarette an und raucht. Nach einer kleinen Weile erhebt er sich
wieder und vergewissert sich, dass die grünen Jalousien geschlossen
sind. Plötzlich geht er wieder ins Schlafzimmer, öffnet die Lade des
Nachtkästchens. Er fühlt hinein und findet eine Schildkrothaarnadel.
20 *Er sucht nach einem Ort, sie zu verstecken, gibt sie endlich in die*
Tasche seines Überziehers. Dann öffnet er einen Schrank, der im
Salon steht, nimmt eine silberne Tasse mit einer Flasche Kognak und
zwei Likörgläschen heraus, stellt alles auf den Tisch. Er geht wieder
zu seinem Überzieher, aus dem er jetzt ein kleines weißes Päckchen
25 *nimmt. Er öffnet es und legt es zum Kognak; geht wieder zum*
Schrank, nimmt zwei kleine Teller und Essbestecke heraus. Er
entnimmt dem kleinen Paket eine glasierte Kastanie und isst sie.
Dann schenkt er sich ein Glas Kognak ein und trinkt es rasch aus.
Dann sieht er auf seine Uhr. Er geht im Zimmer auf und ab. – Vor
30 *dem großen Wandspiegel bleibt er eine Weile stehen, richtet mit*
seinem Taschenkamm das Haar und den kleinen Schnurrbart. – Er

---

[1] Straße im gutbürgerlichen 4. Wiener Bezirk
[2] großer, schmaler Wandspiegel an einem Pfeiler zwischen zwei Fenstern
[3] Polstersessel mit Armlehnen

geht nun zur Vorzimmertür und horcht. Nichts regt sich. Dann zieht
er die blauen Portières[1], die vor der Schlafzimmertür angebracht
sind, zusammen. Es klingelt. Der junge Herr fährt leicht zusammen.
Dann setzt er sich auf den Fauteuil und erhebt sich erst, als die Tür
5 *geöffnet wird und die junge Frau eintritt. –*

Die junge Frau *(dicht verschleiert, schließt die Tür hinter sich, bleibt*
einen Augenblick stehen, indem sie die linke Hand aufs Herz legt,
als müsse sie eine gewaltige Erregung bemeistern[2]).
Der junge Herr *(tritt auf sie zu, nimmt ihre linke Hand und drückt*
10 *auf den weißen, schwarz tamburierten[3] Handschuh einen Kuss. Er*
sagt leise:)
Ich danke Ihnen.
Die junge Frau.
Alfred – Alfred!
15 **Der junge Herr.**
Kommen Sie, gnädige Frau ... Kommen Sie, Frau Emma ...
Die junge Frau.
Lassen Sie mich noch eine Weile – bitte ... o bitte sehr, Alfred!
(Sie steht noch immer an der Tür.)
20 **Der junge Herr** *(steht vor ihr, hält ihre Hand).*
Die junge Frau.
Wo bin ich denn eigentlich?
Der junge Herr.
Bei mir.
25 **Die junge Frau.**
Dieses Haus ist schrecklich, Alfred.
Der junge Herr.
Warum denn? Es ist ein sehr vornehmes Haus.
Die junge Frau.
30 Ich bin zwei Herren auf der Stiege begegnet.
Der junge Herr.
Bekannte?

---

[1] schwere Türvorhänge
[2] bezwingen
[3] bestickten

Die junge Frau.

Ich weiß nicht. Es ist möglich.

Der junge Herr.

Pardon, gnädige Frau – aber Sie kennen doch Ihre Bekannten.

5 **Die junge Frau.**

Ich habe ja gar nichts gesehen.

Der junge Herr.

Aber wenn es selbst Ihre besten Freunde waren, – sie können
ja Sie nicht erkannt haben. Ich selbst ... wenn ich nicht wüsste,

10 dass Sie es sind ... dieser Schleier –.

Die junge Frau.

Es sind zwei.

Der junge Herr.

Wollen Sie nicht ein bisschen näher? ... Und Ihren Hut legen

15 Sie doch wenigstens ab!

Die junge Frau.

Was fällt Ihnen ein, Alfred? Ich habe Ihnen gesagt: Fünf Minuten ... Nein, länger nicht ... ich schwöre Ihnen –

Der junge Herr.

20 Also den Schleier –

Die junge Frau.

Es sind zwei.

Der junge Herr.

Nun ja, beide Schleier – ich werde Sie doch wenigstens sehen

25 dürfen.

Die junge Frau.

Haben Sie mich denn lieb, Alfred?

Der junge Herr *(tief verletzt)*.

Emma – Sie fragen mich ...

30 **Die junge Frau.**

Es ist hier so heiß.

Der junge Herr.

Aber Sie haben ja Ihre Pelzmantille[1] an – Sie werden sich
wahrhaftig verkühlen.

---

[1] capeartiger Mantel

Die junge Frau *(tritt endlich ins Zimmer, wirft sich auf den Fauteuil).*
Ich bin todmüd.

Der junge Herr.
Erlauben Sie. *(Er nimmt ihr den Schleier ab; nimmt die Nadel aus*
5   *ihrem Hut, legt Hut, Nadel, Schleier beiseite.)*

Die junge Frau *(lässt es geschehen).*

Der junge Herr *(steht vor ihr, schüttelt den Kopf).*

Die junge Frau.
Was haben Sie?

10 **Der junge Herr.**
So schön waren Sie noch nie.

Die junge Frau.
Wieso?

Der junge Herr.
15   Allein ... allein mit Ihnen – Emma – *(Er lässt sich neben ihrem*
    Fauteuil nieder, auf ein Knie, nimmt ihre beiden Hände und be-
    deckt sie mit Küssen).

Die junge Frau.
Und jetzt ... lassen Sie mich wieder gehen. Was Sie von mir
20   verlangt haben, hab ich getan.

Der junge Herr *(lässt seinen Kopf auf ihren Schoß sinken).*

Die junge Frau.
Sie haben mir versprochen, brav zu sein.

Der junge Herr.
25   Ja.

Die junge Frau.
Man erstickt in diesem Zimmer.

Der junge Herr. *(steht auf).*
Noch haben Sie Ihre Mantille an.

30 **Die junge Frau.**
Legen Sie sie zu meinem Hut.

Der junge Herr *(nimmt ihr die Mantille ab und legt sie gleichfalls auf*
    den Diwan).

Die junge Frau.
35   Und jetzt – adieu –

Der junge Herr.
Emma –! – Emma! –

Die junge Frau.

Die fünf Minuten sind längst vorbei.

Der junge Herr.

Noch nicht eine! –

5 **Die junge Frau.**

Alfred, sagen Sie mir einmal ganz genau, wie spät es ist.

Der junge Herr.

Es ist punkt Viertel sieben.

Die junge Frau.

10 Jetzt sollte ich längst bei meiner Schwester sein.

Der junge Herr.

Ihre Schwester können Sie oft sehen ...

Die junge Frau.

O Gott, Alfred, warum haben Sie mich dazu verleitet.

15 **Der junge Herr.**

Weil ich Sie ... anbete, Emma.

Die junge Frau.

Wie vielen haben Sie das schon gesagt?

Der junge Herr.

20 Seit ich Sie gesehen, niemandem.

Die junge Frau.

Was bin ich für eine leichtsinnige Person! Wer mir das voraus-
gesagt hätte ... noch vor acht Tagen ... noch gestern ...

Der junge Herr.

25 Und vorgestern haben Sie mir ja schon versprochen ...

Die junge Frau.

Sie haben mich so gequält. Aber ich habe es nicht tun wollen.
Gott ist mein Zeuge – ich habe es nicht tun wollen ... Gestern
war ich fest entschlossen ... Wissen Sie, dass ich Ihnen gestern

30 abends sogar einen langen Brief geschrieben habe?

Der junge Herr.

Ich habe keinen bekommen.

Die junge Frau.

Ich habe ihn wieder zerrissen. Oh, ich hätte Ihnen lieber die-

35 sen Brief schicken sollen.

Der junge Herr.

Es ist doch besser so.

Die junge Frau.

Oh nein, es ist schändlich ... von mir. Ich begreife mich selber nicht. Adieu, Alfred, lassen Sie mich.

Der junge Herr *(umfasst sie und bedeckt ihr Gesicht mit heißen Küs-*
5 *sen).*

Die junge Frau.

So ... halten Sie Ihr Wort ...

Der junge Herr.

Noch einen Kuss – noch einen.

10 **Die junge Frau.**

Den letzten.

(Er küsst sie; sie erwidert den Kuss; ihre Lippen bleiben lange anein-
andergeschlossen.)

Der junge Herr.

15 Soll ich Ihnen etwas sagen, Emma? Ich weiß jetzt erst, was Glück ist.

Die junge Frau *(sinkt in einen Fauteuil zurück).*

Der junge Herr *(setzt sich auf die Lehne, schlingt einen Arm leicht*
um ihren Nacken).

20 ... oder vielmehr, ich weiß jetzt erst, was Glück sein könnte.

Die junge Frau *(seufzt tief auf).*

Der junge Herr *(küsst sie wieder).*

Die junge Frau.

Alfred, Alfred, was machen Sie aus mir!

25 **Der junge Herr.**

Nicht wahr – es ist hier gar nicht so ungemütlich ... Und wir sind ja hier so sicher. Es ist doch tausendmal schöner als diese Rendezvous im Freien ...

Die junge Frau.

30 Oh, erinnern Sie mich nur nicht daran.

Der junge Herr.

Ich werde auch daran immer mit tausend Freuden denken. Für mich ist jede Minute, die ich an Ihrer Seite verbringen durfte, eine süße Erinnerung.

35 **Die junge Frau.**

Erinnern Sie sich noch an den Industriellenball?

Der junge Herr.

Ob ich mich daran erinnere ...? Da bin ich ja während des Sou-
pers[1] neben Ihnen gesessen, ganz nahe neben Ihnen. Ihr
Mann hat Champagner ...

5 **Die junge Frau** *(sieht ihn klagend an)*.

Der junge Herr.

Ich wollte nur vom Champagner reden. Sagen Sie, Emma, wollen Sie nicht ein Glas Kognak trinken?

Die junge Frau.

10 Einen Tropfen, aber geben Sie mir vorher ein Glas Wasser.

Der junge Herr.

Ja ... Wo ist denn nur – ach ja ... *(Er schlägt die Portière zurück
und geht ins Schlafzimmer.)*

Die junge Frau *(sieht ihm nach)*.

15 **Der junge Herr** *(kommt zurück mit einer Karaffe Wasser und zwei
Trinkgläsern)*.

Die junge Frau.

Wo waren Sie denn?

Der junge Herr.

20 Im ... Nebenzimmer. *(Schenkt ein Glas Wasser ein.)*

Die junge Frau.

Jetzt werde ich Sie etwas fragen, Alfred – und schwören Sie
mir, dass Sie mir die Wahrheit sagen werden.

Der junge Herr.

25 Ich schwöre –

Die junge Frau.

War in diese Räumen schon jemals eine andere Frau?

Der junge Herr.

Aber Emma – dieses Haus steht schon zwanzig Jahre! –

30 **Die junge Frau.**

Sie wissen, was ich meine, Alfred ... M i t Ihnen! B e i Ihnen!

Der junge Herr.

Mit mir – hier – Emma! – Es ist nicht schön, dass Sie an so etwas denken können.

---

[1] Souper: Abendessen

Die junge Frau.

Also Sie haben ... wie soll ich ... Aber nein, ich will Sie lieber nicht fragen. Es ist besser, wenn ich nicht frage. Ich bin ja selbst schuld. Alles rächt sich.

5 **Der junge Herr.**

Ja, was haben Sie denn? Was ist Ihnen denn? Was rächt sich?

Die junge Frau.

Nein, nein, nein, ich darf nicht zum Bewusstsein kommen ... Sonst müsste ich vor Scham in die Erde sinken.

10 **Der junge Herr** *(mit der Karaffe Wasser in der Hand, schüttelt traurig den Kopf).*

Emma, wenn Sie ahnen könnten, wie weh Sie mir tun.

Die junge Frau *(schenkt sich ein Glas Kognak ein).*

Der junge Herr.

15 Ich will Ihnen etwas sagen, Emma. Wenn Sie sich schämen, hier zu sein – wenn ich Ihnen also gleichgültig bin – wenn Sie nicht fühlen, dass Sie für mich alle Seligkeit der Welt bedeuten – so gehn Sie lieber. –

Die junge Frau.

20 Ja, das werd ich auch tun.

Der junge Herr *(sie bei der Hand fassend).*

Wenn Sie aber ahnen, dass ich ohne Sie nicht leben kann, dass ein Kuss auf Ihre Hand für mich mehr bedeutet, als alle Zärtlichkeiten, die alle Frauen auf der ganzen Welt ... Emma, ich

25 bin nicht wie die anderen jungen Leute, die den Hof machen können – ich bin vielleicht zu naiv ... ich ...

Die junge Frau.

Wenn Sie aber doch sind wie die anderen jungen Leute?

Der junge Herr.

30 Dann wären Sie heute nicht da – denn Sie sind nicht wie die anderen Frauen.

Die junge Frau.

Woher wissen Sie das?

Der junge Herr *(hat sie zum Diwan gezogen, sich nahe neben sie*

35 *gesetzt).*

Ich habe viel über Sie nachgedacht. Ich weiß, Sie sind unglücklich.

Die junge Frau *(erfreut).*

Ja.

Der junge Herr.

Das Leben ist so leer, so nichtig – und dann, – so kurz – so

5   entsetzlich kurz! Es gibt nur ein Glück ... einen Menschen finden, von dem man geliebt wird –

Die junge Frau *(hat eine kandierte[1] Birne vom Tisch genommen, nimmt sie in den Mund).*

Der junge Herr.

10   Mir die Hälfte! *(Sie reicht sie ihm mit den Lippen.)*

Die junge Frau *(fasst die Hände des jungen Herrn, die sich zu verir-
ren drohen).*

Was tun Sie denn, Alfred ... Ist das Ihr Versprechen.

Der junge Herr *(die Birne verschluckend, dann kühner).*

15   Das Leben ist so kurz.

Die junge Frau *(schwach).*

Aber das ist ja kein Grund –

Der junge Herr *(mechanisch).*

O ja.

20 **Die junge Frau** *(schwächer).*

Schauen Sie, Alfred, und Sie haben doch versprochen, brav ...
Und es ist so hell ...

Der junge Herr.

Komm, komm, du einzige, einzige ... *(Er hebt sie vom Diwan*

25   *empor.)*

Die junge Frau.

Was machen Sie denn?

Der junge Herr.

Da drin ist es gar nicht hell.

30 **Die junge Frau.**

Ist denn da noch ein Zimmer?

Der junge Herr *(zieht sie mit).*

Ein schönes ... und ganz dunkel.

Die junge Frau.

35   Bleiben wir doch lieber hier.

---

[1] mit einer Zuckerlösung überzogen

Der junge Herr *(bereits mit ihr hinter der Portière, im Schlafzimmer, nestelt ihr die Taille[1] auf).*

Die junge Frau.

Sie sind so ... o Gott, was machen Sie aus mir! – Alfred!

5 **Der junge Herr.**

Ich bete dich an, Emma!

Die junge Frau.

So wart doch, wart doch wenigstens ... *(schwach).* Geh ... ich ruf dich dann.

10 **Der junge Herr.**

Lass mir dich – lass dir mich *(er verspricht sich),* ... lass ... mich – dir – helfen.

Die junge Frau.

Du zerreißt mir ja alles.

15 **Der junge Herr.**

Du hast kein Mieder an?

Die junge Frau.

Ich trag nie ein Mieder. Die Odilon[2] trägt auch keines. Aber die Schuh kannst du mir aufknöpfeln.

20 **Der junge Herr** *(knöpfelt die Schuhe auf, küsst ihre Füße).*

Die junge Frau *(ist ins Bett geschlüpft).*

O mir ist kalt.

Der junge Herr.

Gleich wird's warm werden.

25 **Die junge Frau** *(leise lachend).*

Glaubst du?

Der junge Herr *(unangenehm berührt, für sich).*

Das hätte sie nicht sagen sollen. *(Entkleidet sich im Dunkel.)*

Die junge Frau *(zärtlich).*

30 Komm, komm, komm!

Der junge Herr *(dadurch wieder in besserer Stimmung).*

Gleich – –

---

[1] hier: Leibchen
[2] Helene Odilon (1865–1939), Schauspielerin, u.a. am Deutschen Volkstheater in Wien; häufig in der Rolle der naiven Liebhaberin

Die junge Frau.

Es riecht hier so nach Veilchen.

Der junge Herr.

Das bist du selbst ... Ja *(zu ihr)* du selbst.

5 **Die junge Frau.**

Alfred ... Alfred!!!!

Der junge Herr.

Emma ...

– –

Der junge Herr.

10 Ich habe dich offenbar zu lieb ... ja ... ich bin wie von Sinnen.

Die junge Frau ...

Der junge Herr.

Die ganzen Tage über bin ich schon wie verrückt. Ich hab es geahnt.

15 **Die junge Frau.**

Mach dir nichts draus.

Der junge Herr.

O gewiss nicht. Es ist ja geradezu selbstverständlich, wenn man ...

20 **Die junge Frau.**

Nicht ... nicht ... Du bist nervös. Beruhige dich nur ...

Der junge Herr.

Kennst du Stendhal[1]?

Die junge Frau.

25 Stendhal?

Der junge Herr.

Die „Psychologie de l'amour"[2].

Die junge Frau.

Nein, warum fragst du mich?

30 **Der junge Herr.**

Da kommt eine Geschichte drin vor, die sehr bezeichnend ist.

---

[1] Pseudonym von Marie-Henri Beyle, französischer Schriftsteller (1783–1842)

[2] Gemeint ist Stendhals damals sehr populäres Werk „De l'amour" (1822, „Über die Liebe").

Die junge Frau.

Was ist das für eine Geschichte?

Der junge Herr.

Da ist eine ganze Gesellschaft von Kavallerieoffizieren zusammen –

Die junge Frau.

So.

Der junge Herr.

Und die erzählen von ihren Liebesabenteuern. Und jeder berichtet, dass ihm bei der Frau, die er am meisten, weißt du, am
leidenschaftlichsten geliebt hat ... dass ihn die, dass er die –
also kurz und gut, dass es jedem bei dieser Frau so gegangen
ist, wie jetzt mir.

Die junge Frau.

Ja.

Der junge Herr.

Das ist sehr charakteristisch.

Die junge Frau.

Ja.

Der junge Herr.

Es ist noch nicht aus. Ein einziger behauptet ... es sei ihm in
seinem ganzen Leben noch nicht passiert, aber, setzt Stendhal
hinzu – das war ein berüchtigter Bramarbas[1].

Die junge Frau.

So. –

Der junge Herr.

Und doch verstimmt es einen, das ist das Dumme, so gleichgültig es eigentlich ist.

Die junge Frau.

Freilich. Überhaupt weißt du ... du hast mir ja versprochen,
brav zu sein.

Der junge Herr.

Geh, nicht lachen, das bessert die Sache nicht.

---

[1] Prahlhans, Aufschneider

Die junge Frau.

Aber nein, ich lache ja nicht. Das von Stendhal ist wirklich interessant. Ich habe immer gedacht, dass nur bei älteren ... oder bei sehr ... weißt du, bei Leuten, die viel gelebt haben ...

5 **Der junge Herr.**

Was fällt dir ein. Das hat damit gar nichts zu tun. Ich habe übrigens die hübscheste Geschichte aus dem Stendhal ganz vergessen. Da ist einer von den Kavallerieoffizieren, der erzählt sogar, dass er drei Nächte oder gar sechs ... ich weiß nicht mehr,

10 mit der Frau zusammen war, die er durch Wochen hindurch verlangt hat – desirée[1] – verstehst du – und sie haben alle diese Nächte hindurch nichts getan als vor Glück geweint ... beide ...

Die junge Frau.

Beide?

15 **Der junge Herr.**

Ja. Wundert dich das? Ich find das so begreiflich – gerade wenn man sich liebt.

Die junge Frau.

Aber es gibt gewiss viele, die nicht weinen.

20 **Der junge Herr** *(nervös)*.

Gewiss ... das ist ja auch ein exzeptioneller[2] Fall.

Die junge Frau.

Ah – ich dachte, Stendhal sagte, alle Kavallerieoffiziere weinen bei dieser Gelegenheit.

25 **Der junge Herr.**

Siehst du, jetzt machst du dich doch lustig.

Die junge Frau.

Aber was fällt dir ein! Sei doch nicht kindisch, Alfred!

Der junge Herr.

30 Es macht nun einmal nervös ... Dabei habe ich die Empfindung, dass du ununterbrochen daran denkst. Das geniert mich erst recht.

Die junge Frau.

Ich denke absolut nicht daran.

---

[1] frz.: gewollt
[2] außergewöhnlicher

Der junge Herr.

O ja. Wenn ich nur überzeugt wäre, dass du mich liebst.

Die junge Frau.

Verlangst du noch mehr Beweise?

5 **Der junge Herr.**

Siehst du ... immer machst du dich lustig.

Die junge Frau.

Wieso denn? Komm, gib mir dein süßes Kopferl.

Der junge Herr.

10 Ach, das tut wohl.

Die junge Frau.

Hast du mich lieb?

Der junge Herr.

Oh, ich bin ja so glücklich.

15 **Die junge Frau.**

Aber du brauchst nicht auch noch zu weinen.

Der junge Herr *(sich von ihr entfernend, höchst irritiert).*

Wieder, wieder. Ich hab dich ja so gebeten ...

Die junge Frau.

20 Wenn ich dir sage, dass du nicht weinen sollst ...

Der junge Herr.

Du hast gesagt: A u c h noch zu weinen.

Die junge Frau.

Du bis nervös, mein Schatz.

25 **Der junge Herr.**

Das weiß ich.

Die junge Frau.

Aber du sollst es nicht sein. Es ist mir sogar lieb, dass es ... dass wir sozusagen als gute Kameraden ...

30 **Der junge Herr.**

Schon wieder fangst du an.

Die junge Frau.

Erinnerst du dich denn nicht! Das war eines unserer ersten Gespräche. Gute Kameraden haben wir sein wollen; nichts weiter.

35 Oh, das war schön ... das war bei meiner Schwester, im Jänner[1]

---

[1] österr.: Januar

auf dem großen Ball, während der Quadrille[1] ... Um Gottes willen, ich sollte ja längst fort sein ... meine Schwester erwartet mich ja – was werd ich ihr denn sagen ... Adieu, Alfred –

Der junge Herr.

5   Emma –! so willst du mich verlassen!

Die junge Frau.

Ja – so! –

Der junge Herr.

Noch fünf Minuten ...

10 **Die junge Frau.**

Gut. Noch fünf Minuten. Aber du musst mir versprechen ... dich nicht zu rühren? ... Ja? ... Ich will dir noch einen Kuss zum Abschied geben ... Pst ... ruhig ... nicht rühren, hab ich gesagt, sonst steh ich gleich auf, du mein süßer ... süßer ...

15 **Der junge Herr.**

Emma ... meine ange ...

- -

Die junge Frau.

Mein Alfred –

Der junge Herr.

20   Ah, bei dir ist der Himmel.

Die junge Frau.

Aber jetzt muss ich wirklich fort.

Der junge Herr.

Ach, lass deine Schwester warten.

25 **Die junge Frau.**

Nach H a u s muss ich. Für meine Schwester ist's längst zu spät. Wieviel Uhr ist es denn eigentlich.

Der junge Herr.

Ja, wie soll ich das eruieren[2]?

30 **Die junge Frau.**

Du musst eben auf die Uhr sehen.

---

[1] Tanz von jeweils vier Paaren
[2] herausfinden

Der junge Herr.

Meine Uhr ist in meinem Gilet[1].

Die junge Frau.

So hol sie.

5 **Der junge Herr** *(steht mit einem mächtigen Ruck auf).*

Acht.

Die junge Frau *(erhebt sich rasch).*

Um Gottes willen ... Rasch, Alfred, gib mir meine Strümpfe. Was soll ich denn nur sagen? Zu Hause wird man sicher schon

10 auf mich warten ... acht Uhr ...

Der junge Herr.

Wann seh ich dich denn wieder?

Die junge Frau.

Nie.

15 **Der junge Herr.**

Emma! Hast du mich denn nicht mehr lieb?

Die junge Frau.

Eben darum. Gib mir meine Schuhe.

Der junge Herr.

20 Niemals wieder? Hier sind die Schuhe.

Die junge Frau.

In meinem Sack[2] ist ein Schuhknöpfler[3]. Ich bitt dich, rasch ...

Der junge Herr.

Hier ist der Knöpfler.

25 **Die junge Frau.**

Alfred, das kann uns beide den Hals kosten.

Der junge Herr *(höchst unangenehm berührt).*

Wieso?

Die junge Frau.

30 Ja, was soll ich denn sagen, wenn er mich fragt: Woher kommst du?

Der junge Herr.

Von der Schwester.

---

[1] Weste

[2] hier: Handtasche

[3] früher übliches Gerät zum Zuknöpfen von Schuhen

Die junge Frau.

Ja, wenn ich lügen könnte.

Der junge Herr.

Na, du musst es eben tun.

5 **Die junge Frau.**

Alles für so einen Menschen. Ach, komm her ... lass dich noch einmal küssen. *(Sie umarmt ihn.)* – Und jetzt – – lass mich allein, geh ins andere Zimmer. Ich kann mich nicht anziehen, wenn du dabei bist.

10 **Der junge Herr** *(geht in den Salon, wo er sich ankleidet. Er isst etwas von der Bäckerei[1], trinkt ein Glas Kognak).*

Die junge Frau *(ruft nach einer Weile).*

Alfred.

Der junge Herr.

15 Mein Schatz.

Die junge Frau.

Es ist doch besser, dass wir nicht geweint haben.

Der junge Herr *(nicht ohne Stolz lächelnd).*

Wie kann man so frivol reden? –

20 **Die junge Frau.**

Wie wird das jetzt nur sein – wenn wir uns zufällig wieder einmal in Gesellschaft begegnen?

Der junge Herr.

Zufällig – einmal ... Du bist ja morgen sicher auch bei Lobhei-
25 mers?

Die junge Frau.

Ja. Du auch?

Der junge Herr.

Freilich. Darf ich dich um den Kotillon[2] bitten?

30 **Die junge Frau.**

Oh, ich werde nicht hinkommen. Was glaubst du denn? – Ich würde ja ... *(sie tritt völlig angekleidet in den Salon, nimmt eine Schokoladebäckerei)* in die Erde sinken.

---

[1] hier: Backwerk
[2] frz.: ein alter Gesellschaftstanz

Der junge Herr.

Also morgen bei Lobheimer, das ist schön.

Die junge Frau.

Nein; nein ... ich sage ab; bestimmt –

5 **Der junge Herr.**

Also übermorgen ... hier.

Die junge Frau.

Was fällt dir ein?

Der junge Herr.

10 Um sechs ...

Die junge Frau.

Hier an der Ecke stehen Wagen, nicht wahr? –

Der junge Herr.

Ja, so viel du willst. Also übermorgen hier, um sechs. So sag

15 doch ja, mein geliebter Schatz.

Die junge Frau.

... Das besprechen wir morgen beim Kotillon.

Der junge Herr *(umarmt sie).*

Mein Engel.

20 **Die junge Frau.**

Nicht wieder meine Frisur ruinieren.

Der junge Herr.

Also morgen bei Lobheimers und übermorgen in meinen Armen.

25 **Die junge Frau.**

Leb wohl ...

Der junge Herr *(plötzlich wieder besorgt).*

Und was wirst du – i h m heut sagen? –

Die junge Frau.

30 Frag nicht ... frag nicht ... es ist zu schrecklich. – Warum hab
ich dich so lieb! – Adieu. – Wenn ich wieder Menschen auf der
Stiege begegne, trifft mich der Schlag. – Pah! –

Der junge Herr *(küsst ihr noch einmal die Hand).*

Die junge Frau *(geht).*

35 **Der junge Herr** *(bleibt allein zurück. Dann setzt er sich auf den Di-*
wan. Er lächelt vor sich hin und sagt zu sich selbst).

Also jetzt hab ich ein Verhältnis mit einer anständigen Frau.

Die junge Frau und der Ehemann

Ein behagliches Schlafgemach. – Es ist halb elf Uhr nachts.
Die Frau liegt zu Bette und liest. Der Gatte tritt eben, im Schlafrock,
ins Zimmer.

Die junge Frau *(ohne aufzuschauen).*

5   Du arbeitest nicht mehr?

Der Gatte.

   Nein. Ich bin zu müde. Und außerdem ...

Die junge Frau.

   Nun? –

10 **Der Gatte.**

   Ich hab mich an meinem Schreibtisch plötzlich so einsam ge-
   fühlt. Ich habe Sehnsucht nach dir bekommen.

Die junge Frau *(schaut auf).*

   Wirklich?

15 **Der Gatte** *(setzt sich zu ihr aufs Bett).*

   Lies heute nicht mehr. Du wirst dir die Augen verderben.

Die junge Frau *(schlägt das Buch zu).*

   Was hast du denn?

Der Gatte.

20   Nichts, mein Kind. Verliebt bin ich in dich! Das weißt du ja!

Die junge Frau.

   Man könnte es manchmal fast vergessen.

Der Gatte.

   Man m u s s es sogar manchmal vergessen.

25 **Die junge Frau.**

   Warum?

Der Gatte.

   Weil die Ehe sonst etwas Unvollkommenes wäre. Sie würde ...
   wie soll ich nur sagen ... sie würde ihre Heiligkeit verlieren.

30 **Die junge Frau.**

   Oh ...

Der Gatte.

   Glaube mir – es ist so ... Hätten wir in den fünf Jahren, die wir
   jetzt miteinander verheiratet sind, nicht manchmal vergessen,

dass wir ineinander verliebt sind – wir wären es wohl gar nicht mehr.

Die junge Frau.

Das ist mir zu hoch.

5 **Der Gatte.**

Die Sache ist einfach die: wir haben vielleicht schon zehn oder zwölf Liebschaften miteinander gehabt ... Kommt es dir nicht auch so vor?

Die junge Frau.

10 Ich hab nicht gezählt! –

Der Gatte.

Hätten wir gleich die erste bis zum Ende durchgekostet, hätte ich mich von Anfang an meiner Leidenschaft für dich willenlos hingegeben, es wäre uns gegangen wie den Millionen von

15 anderen Liebespaaren. Wir wären fertig miteinander.

Die junge Frau.

Ah ... so meinst du das?

Der Gatte.

Glaub mir – Emma – in den ersten Tagen unserer Ehe hatte ich

20 Angst, dass es so kommen würde.

Die junge Frau.

Ich auch.

Der Gatte.

Siehst du? Hab ich nicht recht gehabt? Darum ist es gut, im-

25 mer wieder für einige Zeit nur in guter Freundschaft miteinander hinzuleben.

Die junge Frau.

Ach so.

Der Gatte.

30 Und so kommt es, dass wir immer wieder neue Flitterwochen miteinander durchleben können, da ich es nie drauf ankommen lasse, die Flitterwochen ...

Die junge Frau.

Zu Monaten auszudehnen.

35 **Der Gatte.**

Richtig.

Die junge Frau.

Und jetzt ... scheint also wieder eine Freundschaftsperiode abgelaufen zu sein –?

Der Gatte *(sie zärtlich an sich drückend).*

5 Es dürfte so sein.

Die junge Frau.

Wenn es aber ... bei mir anders wäre.

Der Gatte.

Es ist bei dir nicht anders. Du bist ja das klügste und entzü-
10 ckendste Wesen, das es gibt. Ich bin sehr glücklich, dass ich
dich gefunden habe.

Die junge Frau.

Das ist aber nett, wie du den Hof machen kannst – von Zeit zu
Zeit.

15 **Der Gatte** *(hat sich auch zu Bett begeben).*

Für einen Mann, der sich ein bisschen in der Welt umgesehen
hat – geh, leg den Kopf an meine Schulter –, der sich in der
Welt umgesehen hat, bedeutet die Ehe eigentlich etwas viel
Geheimnisvolleres als für euch junge Mädchen aus guter Fa-
20 milie. Ihr tretet uns rein und ... wenigstens bis zu einem gewissen Grad unwissend entgegen, und darum habt ihr eigentlich einen viel klareren Blick für das Wesen der Liebe als wir.

Die junge Frau *(lachend).*

Oh!

25 **Der Gatte.**

Gewiss. Denn wir sind ganz verwirrt und unsicher geworden
durch die vielfachen Erlebnisse, die wir notgedrungen vor der
Ehe durchzumachen haben. Ihr hört ja viel und wisst zu viel
und lest ja wohl eigentlich auch zu viel, aber einen rechten
30 Begriff von dem, was wir Männer in der Tat erleben, habt ihr ja
doch nicht. Uns wird das, was man so gemeinhin die Liebe
nennt, recht gründlich widerwärtig gemacht; denn was sind
das schließlich für Geschöpfe, auf die wir angewiesen sind!

Die junge Frau.

35 Ja, was sind das für Geschöpfe?

Der Gatte *(küsst sie auf die Stirn).*

Sei froh, mein Kind, dass du nie einen Einblick in diese Ver-

hältnisse erhalten hast. Es sind übrigens meist recht bedau-
ernswerte Wesen – werfen wir keinen Stein auf sie.

Die junge Frau.

Bitt dich – dieses Mitleid – Das kommt mir da gar nicht recht
5   angebracht vor.

Der Gatte *(mit schöner Milde)*.

Sie verdienen es. Ihr, die ihr junge Mädchen aus guter Familie
wart, die ruhig unter Obhut euerer Eltern auf den Ehrenmann
warten konntet, der euch zur Ehe begehrt; – ihr kennt ja das
10   Elend nicht, das die meisten von diesen armen Geschöpfen
der Sünde in die Arme treibt.

Die junge Frau.

So verkaufen sich denn alle?

Der Gatte.

15   Das möchte ich nicht sagen. Ich mein ja auch nicht nur das
materielle Elend. Aber es gibt auch – ich möchte sagen – ein
sittliches Elend; eine mangelhafte Auffassung für das, was erlaubt, und insbesondere für das, was edel ist.

Die junge Frau.

20   Aber warum sind sie zu bedauern? – Denen geht's ja ganz gut?

Der Gatte.

Du hast sonderbare Ansichten, mein Kind. Du darfst nicht vergessen, dass solche Wesen von Natur aus bestimmt sind, immer tiefer und tiefer zu fallen. Da gibt es kein Aufhalten.

25 **Die junge Frau** *(sich an ihn schmiegend)*.

Offenbar fällt es sich ganz angenehm.

Der Gatte *(peinlich berührt)*.

Wie kannst du so reden, Emma. Ich denke doch, dass es gerade für euch, anständige Frauen, nichts Widerwärtigeres geben
30   kann als alle diejenigen, die es nicht sind.

Die junge Frau.

Freilich, Karl, freilich. Ich hab's ja auch nur so gesagt. Geh,
erzähl weiter. Es ist so nett, wenn du so red'st. Erzähl mir was.

Der Gatte.

35   Was denn? –

Die junge Frau.

Nun, – von diesen Geschöpfen.

Der Gatte.
Was fällt dir denn ein?

Die junge Frau.
Schau, ich hab dich schon früher, weißt du, ganz im Anfang
5   hab ich dich immer gebeten, du sollst mir aus deiner Jugend
was erzählen.

Der Gatte.
Warum interessiert dich denn das?

Die junge Frau.
10   Bist du denn nicht mein Mann? Und ist das nicht geradezu
eine Ungerechtigkeit, dass ich von deiner Vergangenheit eigentlich gar nichts weiß? –

Der Gatte.
Du wirst mich doch nicht für so geschmacklos halten, dass ich
15   – Genug, Emma ... das ist ja wie eine Entweihung.

Die junge Frau.
Und doch hast du ... wer weiß wie viel andere Frauen gerade so
in den Armen gehalten wie jetzt mich.

Der Gatte.
20   Sag doch nicht „Frauen". Frau bist du.

Die junge Frau.
Aber eine Frage musst du mir beantworten ... sonst ... sonst ...
ist's nichts mit den Flitterwochen.

Der Gatte.
25   Du hast eine Art, zu reden ... denk doch, dass du Mutter bist ...
dass unser Mäderl da drin liegt ...

Die junge Frau *(an ihn sich schmiegend).*
Aber ich möcht auch einen Buben.

Der Gatte.
30   Emma!

Die junge Frau.
Geh, sei nicht so ... freilich bin ich deine Frau ... aber ich möchte auch ein bissel ... deine Geliebte sein.

Der Gatte.
35   Möchtest du? ...

Die junge Frau.
Also – zuerst meine Frage.

Der Gatte *(gefügig).*

Nun?

Die junge Frau.

War ... eine verheiratete Frau – unter ihnen?

5 **Der Gatte.**

Wieso? – wie meinst du das?

Die junge Frau.

Du weißt schon.

Der Gatte *(leicht beunruhigt).*

10 Wie kommst du auf diese Frage?

Die junge Frau.

Ich möchte wissen, ob es ... das heißt – es gibt solche Frauen ... das weiß ich. Aber ob du ...

Der Gatte *(ernst).*

15 Kennst du eine solche Frau?

Die junge Frau.

Ja, ich weiß das selber nicht.

Der Gatte.

Ist unter deinen Freundinnen vielleicht eine solche Frau?

20 **Die junge Frau.**

Ja, wie kann ich das mit Bestimmtheit behaupten – oder verneinen?

Der Gatte.

Hat dir vielleicht einmal eine deiner Freundinnen ... Man

25 spricht über gar manches, wenn man so – die Frauen unter sich – hat dir eine gestanden –?

Die junge Frau *(unsicher).*

Nein.

Der Gatte.

30 Hast du bei irgendeiner deiner Freundinnen den Verdacht, dass sie ...

Die junge Frau.

Verdacht ... oh ... Verdacht.

Der Gatte.

35 Es scheint.

Die junge Frau.

Gewiss nicht, Karl, sicher nicht. Wenn ich mir's so überlege – ich trau es doch keiner zu.

Der Gatte.
>   Keiner?

Die junge Frau.
>   Von meinen Freundinnen keiner.

5 **Der Gatte.**
>   Versprich mir etwas, Emma.

Die junge Frau.
>   Nun.

Der Gatte.
10 Dass du nie mit einer Frau verkehren wirst, bei der du auch den leisesten Verdacht hast, dass sie ... kein ganz tadelloses Leben führt.

Die junge Frau.
>   Das muss ich dir erst versprechen?

15 **Der Gatte.**
>   Ich weiß ja, dass du den Verkehr mit solchen Frauen nicht suchen wirst. Aber der Zufall könnte es fügen, dass du ... Ja, es ist sogar sehr häufig, dass gerade solche Frauen, deren Ruf nicht der beste ist, die Gesellschaft von anständigen Frauen suchen,
20 teils um sich ein Relief zu geben, teils aus einem gewissen ... wie soll ich sagen ... aus einem gewissen Heimweh nach der Tugend.

Die junge Frau.
>   So.

Der Gatte.
25 Ja. Ich glaube, dass das sehr richtig ist, was ich da gesagt habe. Heimweh nach der Tugend. Denn, dass diese Frauen alle eigentlich sehr unglücklich sind, das kannst du mir glauben.

Die junge Frau.
>   Warum?

30 **Der Gatte.**
>   Du fragst, Emma? – Wie kannst du denn nur fragen? – Stell dir doch vor, was diese Frauen für eine Existenz führen! Voll Lüge, Tücke, Gemeinheit und voll Gefahren.

Die junge Frau.
35 Ja freilich. Da hast du schon recht.

Der Gatte.
>   Wahrhaftig – sie bezahlen das bisschen Glück ... das bisschen ...

Die junge Frau.

Vergnügen.

Der Gatte.

Warum Vergnügen? Wie kommst du darauf, das Vergnügen
5   zu nennen?

Die junge Frau.

Nun, – etwas muss es doch sein –! Sonst täten sie's ja nicht.

Der Gatte.

Nichts ist es ... ein Rausch.

10 **Die junge Frau** *(nachdenklich)*.

Ein Rausch.

Der Gatte.

Nein, es ist nicht einmal ein Rausch. Wie immer – teuer be-
zahlt, das ist gewiss!

15 **Die junge Frau.**

Also ... du hast das einmal mitgemacht – nicht wahr?

Der Gatte.

Ja, Emma. – Es ist meine traurigste Erinnerung.

Die junge Frau.

20 Wer ist's. Sag! Kenn ich sie?

Der Gatte.

Was fällt dir denn ein?

Die junge Frau.

Ist's lange her. War es sehr lang, bevor du mich geheiratet
25 hast?

Der Gatte.

Frag nicht. Ich bitt dich, frag nicht.

Die junge Frau.

Aber Karl!

30 **Der Gatte.**

Sie ist tot.

Die junge Frau.

Im Ernst?

Der Gatte.

35 Ja ... es klingt fast lächerlich, aber ich habe die Empfindung,
dass alle diese Frauen jung sterben.

Die junge Frau.

Hast du sie sehr geliebt?

Der Gatte.

Lügnerinnen liebt man nicht.

5 **Die junge Frau.**

Also warum ...

Der Gatte.

Ein Rausch ...

Die junge Frau.

10 Also doch?

Der Gatte.

Sprich nicht mehr davon, ich bitt dich. Alles das ist lang vorbei. Geliebt hab ich nur eine – das bist du. Man liebt nur, wo Reinheit und Wahrheit ist.

15 **Die junge Frau.**

Karl!

Der Gatte.

Oh, wie sicher, wie wohl fühlt man sich in solchen Armen. Warum hab ich dich nicht schon als Kind gekannt? Ich glaube,

20 dann hätt ich andere Frauen überhaupt nicht angesehen.

Die junge Frau.

Karl!

Der Gatte.

Und schön bist du! ... schön! ... O komm ... *(Er löscht das Licht*

25 *aus.)*

– –

Die junge Frau.

Weißt du, woran ich heute denken muss?

Der Gatte.

Woran, mein Schatz?

30 **Die junge Frau.**

An ... an ... an Venedig.

Der Gatte.

Die erste Nacht ...

Die junge Frau.

35 Ja ... so ...

Der Gatte.

Was denn –? So sag's doch!

Die junge Frau.

So lieb hast du mich heut.

5 **Der Gatte.**

Ja, so lieb.

Die junge Frau.

Ah ... Wenn du immer ...

Der Gatte *(in ihren Armen)*.

10 Wie?

Die junge Frau.

Mein Karl!

Der Gatte.

Was meintest du? Wenn ich immer ...

15 **Die junge Frau.**

Nun ja.

Der Gatte.

Nun, was wär denn, wenn ich immer ...

Die junge Frau.

20 Dann wüsst ich eben immer, dass du mich lieb hast.

Der Gatte.

Ja. Du musst es aber auch so wissen. Man ist nicht immer der liebende Mann, man muss auch zuweilen hinaus ins feindliche Leben[1], muss kämpfen und streben! Das vergiss nie, mein

25 Kind! Alles hat seine Zeit in der Ehe – das ist eben das Schöne. Es gibt nicht viele, die sich noch nach fünf Jahren an – ihr Venedig erinnern.

Die junge Frau.

Freilich!

30 **Der Gatte.**

Und jetzt ... gute Nacht, mein Kind.

Die junge Frau.

Gute Nacht!

---

[1] Anspielung auf einen Vers in Schillers Gedicht „Das Lied von der Glocke"
   (1799): „Der Mann muss hinaus ins feindliche Leben."

Der Gatte und das süße Mädel

Ein Cabinet particulier[1] im Riedhof[2]. Behagliche, mäßige Eleganz.
Der Gasofen brennt. – Der Gatte. Das süße Mädel.
Auf dem Tisch sind die Reste einer Mahlzeit zu sehen;
Obersschaumbaisers[3], Obst, Käse. In den Weingläsern ein unga-
5 *rischer weißer Wein.*

Der Gatte *(raucht eine Havannazigarre, er lehnt in der Ecke des Di-*
wans).

Das süße Mädel *(sitzt neben ihm auf dem Sessel und löffelt aus einem*
Baiser den Oberschaum heraus, den sie mit Behagen schlürft).

10 **Der Gatte.**

Schmeckts'?

Das süße Mädel (lässt sich nicht stören).

Oh!

Der Gatte.

15 Willst du noch eins?

Das süße Mädel.

Nein, ich hab so schon zu viel gegessen.

Der Gatte.

Du hast keinen Wein mehr. *(Er schenkt ein.)*

20 **Das süße Mädel.**

Nein ... aber schaun S', ich lass ihn ja eh stehen.

Der Gatte.

Schon wieder sagst du S i e.

Das süße Mädel.

25 So? – Ja, wissen S', man gewöhnt sich halt so schwer.

Der Gatte.

Weißt du.

Das süße Mädel.

Was denn?

Der Gatte.

Weißt d u, sollst du sagen, nicht wissen S'. – Komm setz dich zu mir.

Das süße Mädel.

5   Gleich ... bin noch nicht fertig.

Der Gatte *(steht auf, stellt sich hinter den Sessel und umarmt das süße Mädel, indem er ihren Kopf zu sich wendet).*

Das süße Mädel.

Na, was ist denn?

10 **Der Gatte.**

Einen Kuss möcht ich haben.

Das süße Mädel *(gibt ihm einen Kuss).*

Sie sind ... o pardon, du bist ein kecker Mensch.

Der Gatte.

15 Jetzt fällt dir das ein?

Das süße Mädel.

Ah nein, eingefallen ist es mir schon früher ... schon auf der Gassen. – Sie müssen –

Der Gatte.

20 Du musst.

Das süße Mädel.

Du musst dir eigentlich was Schönes von mir denken.

Der Gatte.

Warum denn?

25 **Das süße Mädel.**

Dass ich gleich so mit Ihnen ins Chambre séparée[1] gegangen bin.

Der Gatte.

Na, g l e i c h kann man doch nicht sagen.

30 **Das süße Mädel.**

Aber Sie können halt so schön bitten.

Der Gatte.

Findest du?

Das süße Mädel.

35 Und schließlich, was ist denn dabei?

---

[1] Nebenraum in einem Restaurant für intime Treffen

Der Gatte.

Freilich.

Das süße Mädel.

Ob man spazierengeht oder –

5 **Der Gatte.**

Zum Spazierengehen ist es auch viel zu kalt.

Das süße Mädel.

Natürlich ist zu kalt gewesen.

Der Gatte.

10 Aber da ist es angenehm warm; was? *(Er hat sich wieder nieder-
gesetzt, umschlingt das süße Mädel und zieht sie an seine Seite.)*

Das süße Mädel *(schwach)*.

Na.

Der Gatte.

15 Jetzt sag einmal ... Du hast mich schon früher bemerkt gehabt,
was?

Das süße Mädel.

Natürlich. Schon in der Singerstraßen[1].

Der Gatte.

20 Nicht heut, mein ich. Auch vorgestern und vorvorgestern, wie
ich dir nachgegangen bin.

Das süße Mädel.

Mir gehn gar viele nach.

Der Gatte.

25 Das kann ich mir denken. Aber ob du mich bemerkt hast.

Das süße Mädel.

Wissen S' ... ah ... weißt, was mir neulich passiert ist? Da ist
mir der Mann von meiner Kusine nachg'stiegen in der Dunkeln und hat mich nicht 'kennt.

30 **Der Gatte.**

Hat er dich angesprochen?

Das süße Mädel.

Aber was glaubst denn? Meinst, es ist jeder so keck wie du?

Der Gatte.

35 Aber es kommt doch vor.

---

[1] Straße im vornehmen 1. Wiener Bezirk

Das süße Mädel.

Natürlich kommt's vor.

Der Gatte.

Na, was machst du da?

5 **Das süße Mädel.**

Na, nichts – Keine Antwort geb ich halt.

Der Gatte.

Hm ... mir hast du aber eine Antwort gegeben.

Das süße Mädel.

10 Na sind S' vielleicht bös?

Der Gatte *(küsst sie heftig).*

Deine Lippen schmecken nach dem Obersschaum.

Das süße Mädel.

Oh, die sind von Natur aus süß.

15 **Der Gatte.**

Das haben dir schon viele gesagt?

Das süße Mädel.

Viele!! Was du dir wieder einbildest!

Der Gatte.

20 Na, sei einmal ehrlich. Wie viele haben den Mund da schon geküsst?

Das süße Mädel.

Was fragst mich denn? Du möcht'st mir's ja doch nicht glauben, wenn ich dir's sag!

25 **Der Gatte.**

Warum denn nicht?

Das süße Mädel.

Rat einmal.

Der Gatte.

30 Na, sagen wir, – aber du darfst nicht bös sein?

Das süße Mädel.

Warum sollt ich denn bös sein?

Der Gatte.

Also ich schätze ... zwanzig.

35 **Das süße Mädel** *(sich von ihm losmachend).*

Na – warum nicht gleich hundert?

Der Gatte.

Ja, ich hab eben geraten.

Das süße Mädel.

Da hast du aber nicht gut geraten.

5 **Der Gatte.**

Also zehn.

Das süße Mädel *(beleidigt).*

Freilich. Eine, die sich auf der Gassen anreden lässt und gleich mitgeht ins Chambre séparée!

10 **Der Gatte.**

Sei doch nicht so kindisch. Ob man auf der Straßen herumläuft oder in einem Zimmer sitzt ... Wir sind doch da in einem Gasthaus. Jeden Moment kann der Kellner hereinkommen – da ist doch wirklich gar nichts dran ...

15 **Das süße Mädel.**

Das hab ich mir eben auch gedacht.

Der Gatte.

Warst du schon einmal in einem Chambre séparée?

Das süße Mädel.

20 Also, wenn ich die Wahrheit sagen soll: ja.

Der Gatte.

Siehst du, das g'fallt mir, dass du doch wenigstens aufrichtig bist.

Das süße Mädel.

25 Aber nicht so – wie du dir's wieder denkst. Mit einer Freundin und ihrem Bräutigam bin ich im Chambre séparée gewesen, heuer im Fasching einmal.

Der Gatte.

Es wär ja auch kein Malheur[1], wenn du einmal – mit deinem

30 Geliebten –

Das süße Mädel.

Natürlich wär's kein Malheur. Aber ich hab kein' Geliebten.

Der Gatte.

Na, geh.

---

[1] frz.: Unglück, Missgeschick

Das süße Mädel.

Meiner Seel, ich hab keinen.

Der Gatte.

Aber du wirst mir doch nicht einreden wollen, dass ich ...

5 **Das süße Mädel.**

Was denn? ... Ich hab halt keinen – schon seit mehr als einem halben Jahr.

Der Gatte.

Ah so ... Aber vorher? Wer war's denn?

10 **Das süße Mädel.**

Was sind S' denn gar so neugierig?

Der Gatte.

Ich bin neugierig, weil ich dich liebhab.

Das süße Mädel.

15 Is wahr?

Der Gatte.

Freilich. Das musst du doch merken. Erzähl mir also.

(drückt sie fest an sich.)

Das süße Mädel.

20 Was soll ich dir denn erzählen?

Der Gatte.

So lass dich doch nicht so lang bitten. Wer's gewesen ist, möcht ich wissen.

Das süße Mädel *(lachend)*.

25 Na ein Mann halt.

Der Gatte.

Also – also – wer war's?

Das süße Mädel.

Ein bissel ähnlich hat er dir gesehen.

30 **Der Gatte.**

So?

Das süße Mädel.

Wenn du ihm nicht so ähnlich schauen tätst –

Der Gatte.

35 Was wär dann?

Das süße Mädel.

Na also frag nicht, wennst schon siehst, dass ...

Der Gatte *(versteht)*.

Also darum hast du dich von mir anreden lassen.

Das süße Mädel.

Na also ja.

5 **Der Gatte.**

Jetzt weiß ich wirklich nicht, soll ich mich freuen oder soll ich mich ärgern.

Das süße Mädel.

Na, ich an deiner Stell tät mich freuen.

10 **Der Gatte.**

Na ja.

Das süße Mädel.

Und auch im Reden erinnerst du mich so an ihn ... und wie du einen anschaust ...

15 **Der Gatte.**

Was ist er denn gewesen?

Das süße Mädel.

Nein, die Augen –

Der Gatte.

20 Wie hat er denn geheißen?

Das süße Mädel.

Nein, schau mich nicht so an, ich bitt dich.

Der Gatte *(umfängt sie. Langer heißer Kuss)*.

Das süße Mädel (schüttelt sich, will aufstehen).

25 **Der Gatte.**

Warum gehst du fort von mir?

Das süße Mädel.

Es wird Zeit zum Z'hausgehn.

Der Gatte.

30 Später.

Das süße Mädel.

Nein, ich muss wirklich schon zu Haus gehen. Was glaubst denn, was die Mutter sagen wird.

Der Gatte.

35 Du wohnst bei deiner Mutter?

Das süße Mädel.

Natürlich wohn ich bei meiner Mutter. Was hast denn geglaubt?

Der Gatte.

So – bei der Mutter. Wohnst du allein mit ihr?

Das süße Mädel.

Ja freilich allein! Fünf sind wir! Zwei Buben und noch zwei
5 Mädeln.

Der Gatte.

So setz dich doch nicht so weit fort von mir. Bist du die älteste?

Das süße Mädel.

Nein, ich bin die zweite. Zuerst kommt die Kathi; die ist im
10 G'schäft, in einer Blumenhandlung, dann komm ich.

Der Gatte.

Wo bist du?

Das süße Mädel.

Na ich bin z' Haus.

15 **Der Gatte.**

Immer?

Das süße Mädel.

Es muss doch eine z' Haus sein.

Der Gatte.

20 Freilich. Ja, – und was sagst du denn eigentlich deiner Mutter,
wenn du – so spät nach Haus kommst?

Das süße Mädel.

Das ist ja so eine Seltenheit.

Der Gatte.

25 Also heut zum Beispiel. Deine Mutter fragt dich doch?

Das süße Mädel.

Natürlich fragt s' mich. Da kann ich Obacht geben, soviel ich
will – wenn ich nach Haus komm, wacht s' auf.

Der Gatte.

30 Also was sagst du ihr da?

Das süße Mädel.

Na, im Theater werd ich halt gewesen sein.

Der Gatte.

Und glaubt sie das?

35 **Das süße Mädel.**

Na, warum soll s' mir denn nicht glauben? Ich geh ja oft
ins Theater. Erst am Sonntag war ich in der Oper mit

meiner Freundin und ihrem Bräutigam und mein' ältern Bruder.

Der Gatte.

Woher habt ihr denn da die Karten?

5 **Das süße Mädel.**

Aber, mein Bruder ist ja Friseur!

Der Gatte.

Ja, die Friseure ... ah, wahrscheinlich Theaterfriseur.

Das süße Mädel.

10 Was fragst mich denn so aus?

Der Gatte.

Es interessiert mich halt. Und was ist denn der andere Bruder?

Das süße Mädel.

Der geht noch in die Schul. Der will ein Lehrer werden. Nein

15 ... so was!

Der Gatte.

Und dann hast du noch eine kleine Schwester?

Das süße Mädel.

Ja, die ist noch ein Fratz, aber auf die muss man schon heut so

20 aufpassen. Hast du denn eine Idee, wie die Mädeln in der Schule verdorben werden! Was glaubst! Neulich hab ich sie bei einem Rendezvous erwischt.

Der Gatte.

Was?

25 **Das süße Mädel.**

Ja! mit einem Buben von der Schul vis-à-vis[1] ist sie abends um halber acht in der Strozzigasse[2] spazierengegangen. So ein Fratz!

Der Gatte.

30 Und, was hast du da gemacht?

Das süße Mädel.

Na, Schläg hat s' kriegt!

Der Gatte.

So streng bist du?

---

[1] frz.: gegenüber
[2] Straße im 8. Wiener Bezirk

Das süße Mädel.

Na, wer soll's denn sein? Die ältere ist im G'schäft, die Mutter tut nichts als raunzen[1]; – kommt immer alles auf mich.

Der Gatte.

5 Herrgott, bist du lieb! *(Küsst sie und wird zärtlicher.)* Du erinnerst mich auch an wen.

Das süße Mädel.

So – an wen denn?

Der Gatte.

10 An keine bestimmte ... an die Zeit ... na, halt an meine Jugend. Geh, trink, mein Kind!

Das süße Mädel.

Ja, wie alt bist du denn? ... Du ... ja ich weiß ja nicht einmal, wie du heißt.

15 **Der Gatte.**

Karl.

Das süße Mädel.

Ist's möglich! Karl heißt du?

Der Gatte.

20 Er hat auch Karl geheißen?

Das süße Mädel.

Nein, das ist aber schon das reine Wunder ... das ist ja – nein die Augen ... Das G'schau[2] ... *(schüttelt den Kopf).*

Der Gatte.

25 Und wer e r war – hast du mir noch immer nicht gesagt.

Das süße Mädel.

Ein schlechter Mensch ist er gewesen – das ist g'wiss, sonst hätt er mich nicht sitzenlassen.

Der Gatte.

30 Hast ihn sehr gern g'habt?

Das süße Mädel.

Freilich hab ich ihn gern g'habt!

Der Gatte.

Ich weiß, was er war, Leutnant.

---

[1] umgangsspr.: widersprechen, nörgeln
[2] Gesichtsausdruck, Mimik, Blick

Das süße Mädel.

Nein, bei Militär war er nicht. Sie haben ihn nicht genommen. Sein Vater hat ein Haus in der ... aber was brauchst du das zu wissen?

5 **Der Gatte** *(küsst sie)*.

Du hast eigentlich graue Augen, anfangs hab ich gemeint, sie sind schwarz.

Das süße Mädel.

Na sind s' dir vielleicht nicht schön genug?

10 **Der Gatte** *(küsst ihre Augen)*.

Das süße Mädel.

Nein, nein – das vertrag ich schon gar nicht ... o bitt dich – o Gott ... nein, lass mich aufstehn ... nur für einen Moment – bitt dich.

Der Gatte *(immer zärtlicher)*.

15 O nein.

Das süße Mädel.

Aber ich bitt dich, Karl ...

Der Gatte.

Wie alt bist du? – achtzehn, was?

20 **Das süße Mädel.**

Neunzehn vorbei.

Der Gatte.

Neunzehn ... und ich –

Das süße Mädel.

25 Du bist dreißig ...

Der Gatte.

Und einige drüber. – Reden wir nicht davon.

Das süße Mädel.

Er war auch schon zweiunddreißig, wie ich ihn kennengelernt

30 hab.

Der Gatte.

Wie lang ist das her?

Das süße Mädel.

Ich weiß nimmer ... Du, in dem Wein muss was drin gewesen

35 sein.

Der Gatte.

Ja, warum denn?

Das süße Mädel.

Ich bin ganz ... weißt – mir dreht sich alles.

Der Gatte.

So halt dich fest an mich. So ... *(Er drückt sie an sich und wird*
5   *immer zärtlicher, sie wehrt kaum ab.)* Ich werd dir was sagen,
mein Schatz, wir könnten jetzt wirklich gehn.

Das süße Mädel.

Ja ... nach Haus.

Der Gatte.

10 Nicht grad nach Haus ...

Das süße Mädel.

Was meinst denn? ... O nein, o nein ... ich geh nirgends hin,
was fällt dir denn ein –

Der Gatte.

15 Also hör mich nur an, mein Kind, das nächste Mal, wenn wir
uns treffen, weißt du, da richten wir uns das so ein, dass ... *(Er
ist zu Boden gesunken, hat seinen Kopf in ihrem Schoß).* Das ist
angenehm, oh, das ist angenehm.

Das süße Mädel.

20 Was machst denn? *(Sie küsst seine Haare.)* Du in dem Wein
m u s s was drin gewesen sein – so schläfrig ... du, was g'schieht
denn, wenn ich nimmer aufstehn kann? Aber, aber, schau, aber
Karl ... und wenn wer hereinkommt ... ich bitt dich ... der Kellner.

Der Gatte.

25 Da ... kommt sein Lebtag ... kein Kellner ... herein ...

– –

Das süße Mädel *(lehnt mit geschlossenen Augen in der Diwanecke).*

Der Gatte *(geht in dem kleinen Raum auf und ab, nachdem er sich
eine Zigarette angezündet).*

(Längeres Schweigen.)

30 **Der Gatte** *(betrachtet das süße Mädel lange, für sich).*

Wer weiß, was das eigentlich für eine Person ist – Donnerwetter ... So schnell ... War nicht sehr vorsichtig von mir ... Hm ...

Das süße Mädel *(ohne die Augen zu öffnen).*

In dem Wein muss was drin gewesen sein.

35 **Der Gatte.**

Ja warum denn?

Das süße Mädel.

Sonst ...

Der Gatte.

Warum schiebst du denn alles auf den Wein? ...

5 **Das süße Mädel.**

Wo bist denn? Warum bist denn so weit? Komm doch zu mir.

Der Gatte *(zu ihr hin, setzt sich).*

Das süße Mädel.

Jetzt sag mir, ob du mich wirklich gern hast.

10 **Der Gatte.**

Das weißt du doch ... *(Er unterbricht sich rasch.)* Freilich.

Das süße Mädel.

Weißt ... es ist doch ... Geh, sag mir die Wahrheit, was war in dem Wein?

15 **Der Gatte.**

Ja, glaubst du ich bin ein ... ich bin ein Giftmischer?

Das süße Mädel.

Ja, schau, ich versteh's halt nicht. Ich bin doch nicht so ... Wir kennen uns doch erst seit ... Du, ich bin nicht so ... meiner Seel

20 und Gott, – wenn du das von mir glauben tätst –

Der Gatte.

Ja – was machst du dir denn da für Sorgen. Ich glaub gar nichts Schlechtes von dir. Ich glaub halt, dass du mich liebhast.

Das süße Mädel.

25 Ja ...

Der Gatte.

Schließlich, wenn zwei junge Leut allein in einem Zimmer sind, und nachtmahlen und trinken Wein ... es braucht gar nichts drin zu sein in dem Wein.

30 **Das süße Mädel.**

Ich hab's ja auch nur so g'sagt.

Der Gatte.

Ja warum denn?

Das süße Mädel *(eher trotzig).*

35 Ich hab mich halt g'schämt.

Der Gatte.

Das ist lächerlich. Dazu liegt gar kein Grund vor. Um so mehr als ich dich an deinen ersten Geliebten erinnere.

Das süße Mädel.

Ja.

Der Gatte.

An den e r s t e n.

5 **Das süße Mädel.**

Na ja ...

Der Gatte.

Jetzt möcht es mich interessieren, wer die anderen waren.

Das süße Mädel.

10 Niemand.

Der Gatte.

Das ist ja nicht wahr, das kann ja nicht wahr sein.

Das süße Mädel.

Ich bitt dich, sekier[1] mich nicht. –

15 **Der Gatte.**

Willst eine Zigarette?

Das süße Mädel.

Nein, ich dank schön.

Der Gatte.

20 Weißt du, wie spät es ist?

Das süße Mädel.

Na?

Der Gatte.

Halb zwölf.

25 **Das süße Mädel.**

So!

Der Gatte.

Na ... und die Mutter? Die ist es gewöhnt, was?

Das süße Mädel.

30 Willst mich wirklich schon z' Haus schicken?

Der Gatte.

Ja, du hast doch früher selbst –

Das süße Mädel.

Geh, du bist aber wie ausgewechselt. Was hab ich dir denn ge-

35 tan?

---

[1] sekkieren; österr.: belästigen, quälen

Der Gatte.

Aber Kind, was hast du denn, was fällt dir denn ein?

Das süße Mädel.

Und es ist nur dein G'schau gewesen, meiner Seel, sonst hättst
5 du lang ... haben mich schon viele gebeten, ich soll mit ihnen
ins Chambre séparée gehen.

Der Gatte.

Na, willst du ... bald wieder mit mir hieher ... oder auch woanders –

10 **Das süße Mädel.**

Weiß nicht.

Der Gatte.

Was heißt das wieder: du weißt nicht.

Das süße Mädel.

15 Na, wenn du mich erst fragst?

Der Gatte.

Also wann? Ich möcht dich nur vor allem aufklären, dass ich
nicht in Wien lebe. Ich komm nur von Zeit zu Zeit auf ein paar
Tage her.

20 **Das süße Mädel.**

Ah geh, du bist kein Wiener?

Der Gatte.

Wiener bin ich schon. Aber ich lebe jetzt in der Nähe ...

Das süße Mädel.

25 Wo denn?

Der Gatte.

Ach Gott, das ist ja egal.

Das süße Mädel.

Na, fürcht dich nicht, ich komm nicht hin.

30 **Der Gatte.**

O Gott, wenn es dir Spaß macht, kannst du auch hinkommen.
Ich lebe in Graz.

Das süße Mädel.

Im Ernst?

35 **Der Gatte.**

Na ja, was wundert dich denn daran?

Das süße Mädel.

Du bist verheiratet, wie?

Der Gatte *(höchst erstaunt)*.

Ja, wie kommst du darauf?

5 **Das süße Mädel.**

Mir ist halt so vorgekommen.

Der Gatte.

Und das würde dich gar nicht genieren[1]?

Das süße Mädel.

10 Na, lieber ist mir schon, du bist ledig. – Aber du bist ja doch verheiratet! –

Der Gatte.

Ja, sag mir nur, wie kommst du denn darauf?

Das süße Mädel.

15 Wenn einer sagt, er lebt nicht in Wien und hat nicht immer Zeit –

Der Gatte.

Das ist doch nicht so unwahrscheinlich.

Das süße Mädel.

20 Ich glaub's nicht.

Der Gatte.

Und da möchtest du dir gar kein Gewissen machen, dass du einen Ehemann zur Untreue verführst?

Das süße Mädel.

25 Ah was, deine Frau macht's sicher nicht anders als du.

Der Gatte *(sehr empört)*.

Du, d a s verbitt ich mir. Solche Bemerkungen.

Das süße Mädel.

Du hast ja keine Frau, hab ich geglaubt.

30 **Der Gatte.**

Ob ich eine hab oder nicht – man macht keine solche Bemerkungen. *(Er ist aufgestanden.)*

---

[1] stören, verlegen machen

Das süße Mädel.

Karl, na Karl, was ist denn? Bist bös? Schau, ich hab's ja wirklich nicht gewusst, dass du verheiratet bist. Ich hab nur so g'redt. Geh, komm und sei wieder gut.

5 **Der Gatte** *(kommt nach ein paar Sekunden zu ihr).*

Ihr seid wirklich sonderbare Geschöpfe, ihr ... Weiber. *(Er wird wieder zärtlich an ihrer Seite.)*

Das süße Mädel.

Geh ... nicht ... es ist auch schon so spät. –

10 **Der Gatte.**

Also jetzt hör mir einmal zu. Reden wir einmal im Ernst miteinander. Ich möcht dich wieder sehen, öfter wiedersehen.

Das süße Mädel.

Is wahr?

15 **Der Gatte.**

Aber dazu ist notwendig ... also verlassen muss ich mich auf dich können. Aufpassen kann ich nicht auf dich.

Das süße Mädel.

Ah, ich pass schon selber auf mich auf.

20 **Der Gatte.**

Du bist ... na also, unerfahren kann man ja nicht sagen – aber jung bist du – und – die Männer sind im allgemeinen ein gewissenloses Volk.

Das süße Mädel.

25 O jeh!

Der Gatte.

Ich mein das nicht nur in moralischer Hinsicht. – Na, du verstehst mich sicher. –

Das süße Mädel.

30 Ja, sag mir, was glaubst du denn eigentlich von mir?

Der Gatte.

Also – wenn du mich liebhaben willst – nur mich – so können wir's uns schon einrichten – wenn ich auch für gewöhnlich in Graz wohne. Da wo jeden Moment wer hereinkommen kann,

35 ist es ja doch nicht das Rechte.

Das süße Mädel *(schmiegt sich an ihn).*

Der Gatte.

Das nächste Mal ... werden wir woanders zusammensein, ja?

Das süße Mädel.

Ja.

5 **Der Gatte.**

Wo wir ganz ungestört sind.

Das süße Mädel.

Ja.

Der Gatte *(umfängt sie heiß)*.

10 Das andere besprechen wir im Nachhausfahren. *(Steht auf, öffnet die Tür.)* Kellner ... die Rechnung!

Das süße Mädel und der Dichter

Ein kleines Zimmer, mit behaglichem Geschmack eingerichtet.
Vorhänge, welche das Zimmer halbdunkel machen. Rote Stores.
Großer Schreibtisch, auf dem Papiere und Bücher herumliegen.
Ein Pianino[1] an der Wand.
5 *Das süße Mädel. Der Dichter. – Sie kommen eben zusammen herein.*
Der Dichter schließt zu.

Der Dichter.
> So, mein Schatz *(küsst sie).*

Das süße Mädel *(mit Hut und Mantille).*
10 Ah! Da ist aber schön! Nur sehen tut man nichts!

Der Dichter.
> Deine Augen müssen sich an das Halbdunkel gewöhnen. –
> Diese süßen Augen *(küsst sie auf die Augen).*

Das süße Mädel.
15 Dazu werden die süßen Augen aber nicht Zeit genug haben.

Der Dichter.
> Warum denn?

Das süße Mädel.
> Weil ich nur eine Minuten dableib.

20 **Der Dichter.**
> Den Hut leg ab, ja?

Das süße Mädel.
> Wegen der einen Minuten?

Der Dichter *(nimmt die Nadel aus ihrem Hut und legt den Hut fort).*
25 Und die Mantille –

Das süße Mädel.
> Was willst denn? – Ich muss ja gleich wieder fortgehen.

Der Dichter.
> Aber du musst dich doch ausruhn! Wir sind ja drei Stunden
30 gegangen.

Das süße Mädel.
> Wir sind gefahren.

---
[1] Piano, Klavier

Der Dichter.

Ja nach Haus – aber in Weidling am Bach[1] sind wir doch drei
volle Stunden herumgelaufen. Also setz dich nur schön nieder, mein Kind ... wohin du willst; – hier an den Schreibtisch;
5 – aber nein, das ist nicht bequem. Setz dich auf den Diwan. –
So *(er drückt sie nieder)*. Bist du sehr müd, so kannst du dich
auch hinlegen. So. *(Er legt sie auf den Diwan.)* Da das Kopferl
auf den Polster.

Das süße Mädel *(lachend)*.

10 Aber ich bin ja gar nicht müd!

Der Dichter.

Das glaubst du nur. So – und wenn du schläfrig bist, kannst du
auch schlafen. Ich werde ganz still sein. Übrigens kann ich dir
ein Schlummerlied vorspielen ... von mir ... *(Geht zum Pianino)*.

15 **Das süße Mädel.**

Von dir?

Der Dichter.

Ja.

Das süße Mädel.

20 Ich hab glaubt, Robert, du bist ein Doktor.

Der Dichter.

Wieso? Ich hab dir doch gesagt, dass ich Schriftsteller bin.

Das süße Mädel.

Die Schriftsteller sind doch alle Doktors.

25 **Der Dichter.**

Nein; nicht alle. Ich z. B. nicht. Aber wie kommst du jetzt darauf.

Das süße Mädel.

Na, weil du sagst, das Stück, was du da spielen tust, ist von dir.

30 **Der Dichter.**

Ja ... vielleicht ist es auch nicht von mir. Das ist ja ganz egal.
Was? Überhaupt wer's gemacht hat, das ist immer egal. Nur
schön muss es sein – nicht wahr?

Das süße Mädel.

35 Freilich ... schön muss es sein – das ist die Hauptsach! –

---

[1] Ort westlich von Wien

Der Dichter.

Weißt du, wie ich das gemeint hab?

Das süße Mädel.

Was denn?

5 **Der Dichter.**

Na, was ich eben gesagt hab.

Das süße Mädel *(schläfrig).*

Na freilich.

Der Dichter *(steht auf; zu ihr, ihr das Haar streichelnd).*

10 Kein Wort hast du verstanden.

Das süße Mädel.

Geh, ich bin doch nicht so dumm.

Der Dichter.

Freilich, bist du so dumm. Aber gerade darum hab dich lieb. Ah,

15 das ist so schön, wenn ihr dumm seid. Ich mein in der Art wie du.

Das süße Mädel.

Geh, was schimpfst denn?

Der Dichter.

Engel, kleiner. Nicht wahr, es liegt sich gut auf dem weichen,

20 persischen Teppich?

Das süße Mädel.

O ja. Geh, willst nicht weiter Klavier spielen?

Der Dichter.

Nein, ich bin schon lieber da bei dir. *(Streichelt sie.)*

25 **Das süße Mädel.**

Geh, willst nicht lieber Licht machen?

Der Dichter.

O nein ... Diese Dämmerung tut ja so wohl. Wir waren heute
den ganzen Tag wie in Sonnenstrahlen gebadet. Jetzt sind wir

30 sozusagen aus dem Bad gestiegen und schlagen ... die Dämmerung wie einen Bademantel *(lacht)* ah nein – das muss anders gesagt werden ... Findest du nicht?

Das süße Mädel.

Weiß nicht.

35 **Der Dichter** *(sich leicht von ihr entfernend).*

Göttlich, diese Dummheit! *(Nimmt ein Notizbuch und schreibt
ein paar Worte hinein.)*

Das süße Mädel.

Was machst denn? *(Sich nach ihm umwendend.)* Was schreibst
dir denn auf?

Der Dichter *(leise).*

5 Sonne, Bad, Dämmerung, Mantel ... so ... *(steckt das Notizbuch
ein. Laut).* Nichts ... Jetzt sag einmal, mein Schatz, möchtest du
nicht etwas essen oder trinken?

Das süße Mädel.

Durst hab ich eigentlich keinen. Aber Appetit.

10 **Der Dichter.**

Hm ... mir wär lieber, du hättest Durst. Kognak hab ich nämlich zu Hause, aber Essen müsste ich erst holen.

Das süße Mädel.

Kannst nichts holen lassen?

15 **Der Dichter.**

Das ist schwer, meine Bedienerin ist jetzt nicht mehr da – na
wart – ich geh schon selber ... was magst du denn?

Das süße Mädel.

Aber es zahlt sich ja wirklich nimmer aus, ich muss ja sowieso

20 zu Haus.

Der Dichter.

Kind, davon ist keine Rede. Aber ich werd dir was sagen: wenn
wir weggehn, gehn wir zusammen wohin nachtmahlen.

Das süße Mädel.

25 O nein. Dazu hab ich keine Zeit. Und dann, wohin sollen wir
denn? Es könnt uns ja wer Bekannter sehn.

Der Dichter.

Hast du denn gar soviel Bekannte?

Das süße Mädel.

30 Es braucht uns ja nur einer zu sehn, ist's Malheur schon fertig.

Der Dichter.

Was ist denn das für ein Malheur?

Das süße Mädel.

Na, was glaubst, wenn die Mutter was hört ...

35 **Der Dichter.**

Wir können ja doch irgendwohin gehen, wo uns niemand
sieht, es gibt ja Gasthäuser mit einzelnen Zimmern.

Das süße Mädel *(singend)*.

Ja, beim Souper[1] im Chambre séparée!

Der Dichter.

Warst du schon einmal in einem Chambre séparée?

5 **Das süße Mädel.**

Wenn ich die Wahrheit sagen soll – ja.

Der Dichter.

Wer war der Glückliche?

Das süße Mädel.

10 O das ist nicht, wie du meinst ... ich war mit meiner Freundin und ihrem Bräutigam. Die haben mich mitgenommen.

Der Dichter.

So. Und das soll ich dir am End glauben?

Das süße Mädel.

15 Brauchst mir ja nicht zu glauben!

Der Dichter *(nah bei ihr)*.

Bist du jetzt rot geworden? Man sieht nichts mehr! Ich kann deine Züge nicht mehr ausnehmen. *(Mit seiner Hand berührt er ihre Wangen)* Aber auch so erkenn ich dich.

20 **Das süße Mädel.**

Na, pass nur auf, dass du mich mit keiner andern verwechselst.

Der Dichter.

Es ist seltsam, ich kann mich nicht mehr erinnern, wie du aussiehst.

25 **Das süße Mädel.**

Dank schön!

Der Dichter *(ernst)*.

Du, das ist beinah unheimlich, ich kann mir dich nicht vorstellen – In einem gewissen Sinne hab ich dich schon vergessen

30 – Wenn ich mich auch nicht mehr an den Klang deiner Stimme erinnern könnte ... was wärst du da eigentlich? – Nah und fern zugleich[2] ... unheimlich.

---

[1] frz.: Abendessen

[2] Anspielung auf zwei Verszeilen in Goethes Drama „Faust II", V 941 ff.: „Ich fühle mich so fern und doch so nah,/Und sage nur zu gern: Da bin ich! Da!"

Das süße Mädel.

Geh, was redst denn –?

Der Dichter.

Nichts, mein Engel, nichts. Wo sind deine Lippen ... *(Er küsst*
5   *sie.)*

Das süße Mädel.

Willst nicht lieber Licht machen?

Der Dichter.

Nein ... *(Er wird sehr zärtlich.)* Sag, ob du mich liebhast.

10 **Das süße Mädel.**

Sehr ... o sehr!

Der Dichter.

Hast du schon irgendwen so liebgehabt wie mich?

Das süße Mädel.

15   Ich hab dir ja schon gesagt nein.

Der Dichter.

Aber ... *(er seufzt).*

Das süße Mädel.

Das ist ja mein Bräutigam gewesen.

20 **Der Dichter.**

Es wär mir lieber, du würdest jetzt nicht an ihn denken.

Das süße Mädel.

Geh ... was machst denn ... schau ...

Der Dichter.

25   Wir können uns jetzt auch vorstellen, dass wir in einem
Schloss in Indien sind.

Das süße Mädel.

Dort sind s' gewiss nicht so schlimm wie du.

Der Dichter.

30   Wie blöd! Göttlich – Ah, wenn du ahntest, was du für mich bist
...

Das süße Mädel.

Na?

Der Dichter.

35   Stoß mich doch nicht immer weg; ich tu dir ja nichts – vorläufig.

Das süße Mädel.

Du, das Mieder tut mir weh.

Der Dichter *(einfach)*.

Zieh's aus.

Das süße Mädel.

Ja. Aber du darfst deswegen nicht schlimm werden.

5 **Der Dichter.**

Nein.

Das süße Mädel *(hat sich erhoben und zieht in der Dunkelheit ihr Mieder aus)*.

Der Dichter *(der währenddessen auf dem Diwan sitzt)*.

10 Sag, interessiert's dich denn gar nicht, wie ich mit dem Zunamen heiß?

Das süße Mädel.

Ja, wie heißt du denn?

Der Dichter.

15 Ich werd dir lieber nicht sagen, wie ich heiß, sondern wie ich mich nenne.

Das süße Mädel.

Was ist denn da für ein Unterschied?

Der Dichter.

20 Na, wie ich mich als Schriftsteller nenne.

Das süße Mädel.

Ah, du schreibst nicht unter deinem wirklichen Namen?

Der Dichter *(nah zu ihr)*.

Das süße Mädel.

25 Ah ... geh! ... nicht.

Der Dichter.

Was einem da für ein Duft entgegensteigt. Wie süß. *(Er küsst ihren Busen.)*

Das süße Mädel.

30 Du zerreißt ja mein Hemd.

Der Dichter.

Weg ... weg ... alles das ist überflüssig.

Das süße Mädel.

Aber Robert!

35 **Der Dichter.**

Und jetzt komm in unser indisches Schloss.

Das süße Mädel.

Sag mir zuerst, ob du mich wirklich liebhast.

Der Dichter.

Aber ich bete dich ja an. *(Küsst sie heiß.)* Ich bete dich ja an,
5   mein Schatz, mein Frühling ... mein ...

Das süße Mädel.

Robert ... Robert ...!

— —

Der Dichter.

Das war überirdische Seligkeit ... Ich nenne mich ...

10 **Das süße Mädel.**

Robert, o mein Robert!

Der Dichter.

Ich nenne mich Biebitz.

Das süße Mädel.

15   Warum nennst du dich Biebitz?

Der Dichter.

Ich heiße nicht Biebitz – ich nenne mich so ... nun, kennst du
den Namen vielleicht nicht?

Das süße Mädel.

20   Nein.

Der Dichter.

Du kennst den Namen Biebitz nicht? Ah – göttlich! Wirklich?
Du sagst es nur, dass du ihn nicht kennst, nicht wahr?

Das süße Mädel.

25   Meiner Seel, ich hab ihn nie gehört!

Der Dichter.

Gehst du denn nie ins Theater?

Das süße Mädel.

O ja – ich war erst neulich mit einem – weißt, mit dem Onkel
30   von meiner Freundin und meiner Freundin sind wir in der
Oper gewesen bei der „Cavalleria"[1].

---

[1] „Cavalleria rusticana": Oper von Pietro Macagni, 1890 in Rom uraufgeführt

Der Dichter.

Hm, also ins Burgtheater[1] gehst du nie.

Das süße Mädel.

Da krieg ich nie Karten geschenkt.

5 **Der Dichter.**

Ich werde dir nächstens eine Karte schicken.

Das süße Mädel.

O ja! aber nicht vergessen! Zu was Lustigem aber.

Der Dichter.

10 Ja ... lustig ... zu was Traurigem willst du nicht gehn?

Das süße Mädel.

Nicht gern.

Der Dichter.

Auch wenn's ein Stück von mir ist?

15 **Das süße Mädel.**

Geh – ein Stück von dir? Du schreibst für's Theater?

Der Dichter.

Erlaube, ich will nur Licht machen. Ich habe dich noch nicht
gesehen, seit du meine Geliebte bist. – Engel! *(Er zündet eine*
20 *Kerze an.)*

Das süße Mädel.

Geh, ich schäm mich ja. Gib mir wenigstens eine Decke.

Der Dichter.

Später! *(Er kommt mit dem Licht zu ihr, betrachtet sie lang.)*

25 **Das süße Mädel** *(bedeckt ihr Gesicht mit den Händen).*

Geh, Robert!

Der Dichter.

Du bist schön, du bist die Schönheit, du bist vielleicht sogar
die Natur, du bist die heilige Einfalt.

30 **Das süße Mädel.**

O weh, du tropfst mich ja an! Schau, was gibst denn nicht acht!

Der Dichter *(stellt die Kerze weg).*

Du bist das, was ich seit lange gesucht habe. Du liebst nur
m i c h, du würdest mich auch lieben, wenn ich Schnittwaren-

---

[1] damals wie heute bedeutendstes Theater Wien

kommis[1] wäre. Das tut wohl. Ich will dir gestehen, dass ich einen gewissen Verdacht bis zu diesem Moment nicht losgeworden bin. Sag ehrlich, hast du nicht geahnt, dass ich Biebitz bin?

Das süße Mädel.

5 Aber geh, ich weiß gar nicht, was du von mir willst. Ich kenn ja gar kein' Biebitz.

Der Dichter.

Was ist der Ruhm! Nein, vergiss, was ich gesagt habe, vergiss sogar den Namen, den ich dir gesagt hab. Robert bin ich und
10 will ich für dich bleiben. Ich hab auch nur gescherzt. *(Leicht.)* Ich bin ja nicht Schriftsteller, ich bin Kommis und am Abend spiel ich bei Volkssängern Klavier.

Das süße Mädel.

Ja, jetzt kenn ich mich aber nicht mehr aus ... nein, und wie du
15 einen nur anschaust. Ja, was ist denn, ja was hast denn?

Der Dichter.

Es ist sehr sonderbar – was mir beinah noch nie passiert ist, mein Schatz, mir sind die Tränen nah. Du ergreifst mich tief. Wir wollen zusammenbleiben, ja? Wir werden einander sehr liebhaben.

20 **Das süße Mädel.**

Du, ist das wahr mit den Volkssängern?

Der Dichter.

Ja, aber frag nicht weiter. Wenn du mich liebhast, frag überhaupt nichts. Sag, kannst du dich auf ein paar Wochen ganz
25 frei machen?

Das süße Mädel.

Wieso ganz frei?

Der Dichter.

Nun, vom Hause weg?

30 **Das süße Mädel.**

Aber!! Wie kann ich das! Was möcht die Mutter sagen? Und dann, ohne mich ging ja alles schief zu Haus.

Der Dichter.

Ich hatte es mir schön vorgestellt, mit dir zusammen, allein mit
35 dir, irgendwo in der Einsamkeit draußen, im Wald, in der Natur

---

[1] Handlungsgehilfe für Schnittwaren, d. h. für zugeschnittene Textilien

ein paar Wochen zu leben. Natur ... in der Natur. Und dann, eines Tages Adieu – voneinander gehen, ohne zu wissen, wohin.

Das süße Mädel.

Jetzt redst schon vom Adieusagen! Und ich hab gemeint, dass
5   du mich so gern hast.

Der Dichter.

Gerade darum – *(Beugt sich zu ihr und küsst sie auf die Stirn.)* Du süßes Geschöpf!

Das süße Mädel.

10 Geh, halt mich fest, mir ist so kalt.

Der Dichter.

Es wird Zeit sein, dass du dich ankleidest. Warte, ich zünde dir noch ein paar Kerzen an.

Das süße Mädel *(erhebt sich)*.

15 Nicht herschauen.

Der Dichter.

Nein. *(Am Fenster.)* Sag mir, mein Kind, bist du glücklich?

Das süße Mädel.

Wie meinst das?

20 **Der Dichter.**

Ich mein im allgemeinen, ob du glücklich bist?

Das süße Mädel.

Es könnt schon besser gehen.

Der Dichter.

25 Du missverstehst mich. Von deinen häuslichen Verhältnissen hast du mir ja schon genug erzählt. Ich weiß, dass du keine Prinzessin bist. Ich mein, wenn du von alledem absiehst, wenn du dich einfach leben spürst. Spürst du dich überhaupt leben?

Das süße Mädel.

30 Geh, hast kein Kamm?

Der Dichter *(geht zum Toilettetisch, gibt ihr den Kamm, betrachtet das süße Mädel)*.

Herrgott, siehst du so entzückend aus!

Das süße Mädel.

35 Na ... nicht!

Der Dichter.

Geh, bleib noch da, bleib da, ich hol was zum Nachtmahl und ...

Das süße Mädel.

Aber es ist ja schon viel zu spät.

Der Dichter.

Es ist noch nicht neun.

5 **Das süße Mädel.**

Na, sei so gut, da muss ich mich aber tummeln.

Der Dichter.

Wann werden wir uns denn wiedersehen?

Das süße Mädel.

10 Na, wann willst mich denn wiedersehen?

Der Dichter.

Morgen.

Das süße Mädel.

Was ist denn morgen für ein Tag?

15 **Der Dichter.**

Samstag.

Das süße Mädel.

O da kann ich nicht, da muss ich mit meiner kleinen Schwester zum Vormund.

20 **Der Dichter.**

Also Sonntag ... hm ... Sonntag ... am Sonntag ... jetzt werd ich dir was erklären. – Ich bin nicht Biebitz, aber Biebitz ist mein Freund. Ich werd dir ihn einmal vorstellen. Aber Sonntag ist das Stück von Biebitz; ich werd dir eine Karte schicken und

25 werde dich dann vom Theater abholen. Du wirst mir sagen, wie dir das Stück gefallen hat; ja?

Das süße Mädel.

Jetzt, die G'schicht mit dem Biebitz – da bin ich schon ganz blöd.

30 **Der Dichter.**

Völlig werd ich dich erst kennen, wenn ich weiß, was du bei diesem Stück empfunden hast.

Das süße Mädel.

So ..., ich bin fertig.

35 **Der Dichter.**

Komm, mein Schatz!

(Sie gehen.)

Der Dichter und die Schauspielerin

Ein Zimmer in einem Gasthof auf dem Land. – Es ist ein Frühlings-
abend; über den Wiesen und Hügeln liegt der Mond; die Fenster
stehen offen. – Große Stille.
Der Dichter und die Schauspielerin treten ein; wie sie hereintreten,
5   *verlöscht das Licht, das der Dichter in der Hand hält.*

Dichter.

Oh ...

Schauspielerin.

Was ist denn?

10 **Dichter.**

Das Licht. – Aber wir brauchen keins. Schau, es ist ganz hell.
Wunderbar!

Schauspielerin *(sinkt am Fenster plötzlich nieder mit gefalteten Hän-*
den).

15 **Dichter.**

Was hast du denn?

Schauspielerin *(schweigt).*

Dichter *(zu ihr hin).*

Was machst du denn?

20 **Schauspielerin** *(empört).*

Siehst du nicht, dass ich bete? –

Dichter.

Glaubst du an Gott?

Schauspielerin.

25 Gewiss, ich bin ja kein blasser Schurke.

Dichter.

Ach so!

Schauspielerin.

Komm doch zu mir, knie dich neben mich hin. Kannst wirklich
30 auch einmal beten. Wird dir keine Perle aus der Krone fallen.

Dichter *(kniet neben sie hin und umfasst sie).*

Schauspielerin.

Wüstling! – *(Erhebt sich.)* Und weißt du auch, zu wem ich gebetet habe?

Dichter.

Zu Gott, nehm ich an.

Schauspielerin *(Großer Hohn.)*

Jawohl! zu dir hab ich gebetet.

5 **Dichter.**

Warum hast du denn da zum Fenster hinausgeschaut?

Schauspielerin.

Sag mir lieber, wo du mich da hingeschleppt hast, Verführer!

Dichter.

10 Aber Kind, das war ja deine Idee. Du wolltest ja aufs Land –
und gerade hieher.

Schauspielerin.

Nun, hab ich nicht recht gehabt?

Dichter.

15 Gewiss; es ist ja entzückend hier. Wenn man bedenkt, zwei
Stunden von Wien – und die völlige Einsamkeit. Und was für
eine Gegend!

Schauspielerin.

Was? Da könntest du wohl mancherlei dichten, wenn du zufäl-
20 lig Talent hättest.

Dichter.

Warst du hier schon einmal?

Schauspielerin.

Ob ich hier schon war? Ha! Hier hab ich jahrelang gelebt!

25 **Dichter.**

Mit wem?

Schauspielerin.

Nun, mit Fritz natürlich.

Dichter.

30 Ach so!

Schauspielerin.

Den Mann hab ich wohl angebetet! –

Dichter.

Das hast du mir bereits erzählt.

35 **Schauspielerin.**

Ich bitte – ich kann auch wieder gehen, wenn ich dich lang-
weile!

Dichter.

Du mich langweilen? ... Du ahnst ja gar nicht, was du für mich
bedeutest ... Du bist eine Welt für sich ... Du bist das Göttliche,
du bist das Genie ... Du bist ... Du bist eigentlich die heilige
5   Einfalt ... Ja, du ... Aber du solltest jetzt nicht von Fritz reden.

Schauspielerin.

Das war wohl eine Verirrung! Na! –

Dichter.

Es ist schön, dass du das einsiehst.

10 **Schauspielerin.**

Komm her, gib mir einen Kuss!

Dichter *(küsst sie).*

Schauspielerin.

Jetzt wollen wir uns aber eine gute Nacht sagen! Leb wohl,
15   mein Schatz!

Dichter.

Wie meinst du das?

Schauspielerin.

Nun, ich werde mich schlafen legen!

20 **Dichter.**

Ja, – das schon, aber was das gute Nacht sagen anbelangt ... Wo
soll denn ich übernachten?

Schauspielerin.

Es gibt gewiss noch viele Zimmer in diesem Haus.

25 **Dichter.**

Die anderen haben aber keinen Reiz für mich. Jetzt werd ich
übrigens Licht machen, meinst du nicht?

Schauspielerin.

Ja.

30 **Dichter** *(zündet das Licht an, das auf dem Nachtkästchen steht).*

Was für ein hübsches Zimmer ... und fromm sind die Leute
hier. Lauter Heiligenbilder ... Es wäre interessant, eine Zeit unter diesen Menschen zu verbringen ... doch eine andre Welt.
Wir wissen eigentlich so wenig von den andern.

35 **Schauspielerin.**

Rede keinen Stiefel und reiche mir lieber diese Tasche vom
Tisch herüber.

Dichter.

Hier, meine Einzige!

Schauspielerin *(nimmt aus dem Täschchen ein kleines, gerahmtes Bildchen, stellt es auf das Nachtkästchen).*

5 **Dichter.**

Was ist das?

Schauspielerin.

Das ist die Madonna.

Dichter.

10 Die hast du immer mit?

Schauspielerin.

Die ist doch mein Talisman. Und jetzt geh, Robert!

Dichter.

Aber was sind das für Scherze? Soll ich dir nicht helfen?

15 **Schauspielerin.**

Nein, du sollst jetzt gehn.

Dichter.

Und wann soll ich wiederkommen?

Schauspielerin.

20 In zehn Minuten.

Dichter *(küsst sie).*

Auf Wiedersehen!

Schauspielerin.

Wo willst du denn hin?

25 **Dichter.**

Ich werde vor dem Fenster auf und ab gehen. Ich liebe es sehr, nachts im Freien herumzuspazieren. Meine besten Gedanken kommen mir so. Und gar in deiner Nähe, von deiner Sehnsucht sozusagen umhaucht ... in deiner Kunst webend.

30 **Schauspielerin.**

Du redest wie ein Idiot ...

Dichter *(schmerzlich).*

Es gibt Frauen, welche vielleicht sagen würden, ... wie ein Dichter.

35 **Schauspielerin.**

Nun geh endlich. Aber fang mir kein Verhältnis mit der Kellnerin an. –

Dichter *(geht)*.
Schauspielerin.
    (kleidet sich aus. Sie hört, wie der Dichter über die Holztreppe hin-
    untergeht und hört jetzt seine Schritte unter dem Fenster. Sie geht,
5   *sobald sie ausgekleidet ist, zum Fenster, sieht hinunter, er steht da,*
    sie ruft flüsternd hinunter).
    Komm!
Dichter.
    (kommt rasch herauf; stürzt zu ihr, die sich unterdessen ins Bett
10   *gelegt und das Licht ausgelöscht hat, er sperrt ab).*
Schauspielerin.
    So, jetzt kannst du dich zu mir setzen und mir was erzählen.
Dichter *(setzt sich zu ihr aufs Bett).*
    Soll ich nicht das Fenster schließen? Ist dir nicht kalt?
15 **Schauspielerin.**
    O nein!
Dichter.
    Was soll ich dir denn erzählen?
Schauspielerin.
20   Nun, wem bist du in diesem Moment untreu?
Dichter.
    Ich bin es ja leider noch nicht.
Schauspielerin.
    Nun, tröste ich, ich betrüge auch jemanden.
25 **Dichter.**
    Das kann ich mir denken.
Schauspielerin.
    Und was glaubst du, wen?
Dichter.
30   Ja, Kind, davon kann ich keine Ahnung haben.
Schauspielerin.
    Nun, rate.
Dichter.
    Warte ... Na, deinen Direktor.
35 **Schauspielerin.**
    Mein Lieber, ich bin keine Choristin.

Dichter.

Nun, ich dachte nur.

Schauspielerin.

Rate noch einmal.

5 **Dichter.**

Also du betrügst deinen Kollegen ... Benno –

Schauspielerin.

Ha! Der Mann liebt ja überhaupt keine Frauen ... weißt du das nicht? Der Mann hat ja ein Verhältnis mit seinem Briefträger!

10 **Dichter.**

Ist das möglich! –

Schauspielerin.

So gib mir lieber einen Kuss.

Dichter *(umschlingt sie).*

15 **Schauspielerin.**

Aber was tust du denn?

Dichter.

So quäl mich doch nicht so.

Schauspielerin.

20 Höre, Robert, ich werde dir einen Vorschlag machen. Leg dich zu mir ins Bett.

Dichter.

Angenommen!

Schauspielerin.

25 Komm schnell, komm schnell!

Dichter.

Ja ... wenn es nach mir gegangen wäre, wär ich schon längst ... Hörst du ...

Schauspielerin.

30 Was denn?

Dichter.

Draußen zirpen die Grillen.

Schauspielerin.

Du bist wohl wahnsinnig, mein Kind, hier gibt es ja keine Gril-

35 len.

Dichter.

Aber du hörst sie doch.

Schauspielerin.

Nun so komm endlich!

Dichter.

Da bin ich. *(Zu ihr.)*

5 **Schauspielerin.**

So, jetzt bleib schön ruhig liegen ... Pst ... nicht rühren.

Dichter.

Ja, was fällt dir denn ein?

Schauspielerin.

10 Du möchtest wohl gerne ein Verhältnis mit mir haben?

Dichter.

Das dürfte dir doch bereits klar sein.

Schauspielerin.

Nun, das möchte wohl mancher ...

15 **Dichter.**

Es ist aber doch nicht zu bezweifeln, dass in diesem Moment
ich die meisten Chancen habe.

Schauspielerin.

So komm, meine Grille! Ich werde dich von nun an Grille nen-
20 nen.

Dichter.

Schön ...

Schauspielerin.

Nun, wen betrüg ich?

25 **Dichter.**

Wen? ... Vielleicht mich ...

Schauspielerin.

Mein Kind, du bist schwer gehirnleidend.

Dichter.

30 Oder einen ... den du selbst nie gesehen ... einen, den du nicht
kennst, einen – der für dich bestimmt ist und den du nie finden kannst ...

Schauspielerin.

Ich bitte dich, rede nicht so märchenhaft blöd.

35 **Dichter.**

... Ist es nicht sonderbar, ... auch du – und man sollte doch
glauben. – Aber nein, es hieße dir dein Bestes rauben, wollte
man dir ... komm komm – – komm. –

Schauspielerin.

— —

Das ist noch schöner, als in blödsinnigen Stücken spielen ...
was meinst du?

Dichter.

5 Nun, ich mein, es ist gut, dass du doch zuweilen in vernünfti-
gen zu spielen hast.

Schauspielerin.

Du arroganter Hund meinst gewiss wieder das deine?

Dichter.

10 Jawohl!

Schauspielerin *(ernst)*.

Das ist wohl ein herrliches Stück!

Dichter.

Nun also!

15 **Schauspielerin.**

Ja, du bist ein großes Genie, Robert!

Dichter.

Bei dieser Gelegenheit könntest du mir übrigens sagen, warum du vorgestern abgesagt hast. Es hat dir doch absolut gar
20 nichts gefehlt.

Schauspielerin.

Nun, ich wollte dich ärgern.

Dichter.

Ja warum denn? Was hab ich dir denn getan?

25 **Schauspielerin.**

Arrogant bist du gewesen.

Dichter.

Wieso?

Schauspielerin.

30 Alle im Theater finden es.

Dichter.

So.

Schauspielerin.

Aber ich hab ihnen gesagt: Der Mann hat wohl ein Recht, arro-
35 gant zu sein.

Dichter.

Und was haben die anderen geantwortet?

Schauspielerin.

Was sollen mir denn die Leute antworten? Ich rede ja mit kei-
5   nem.

Dichter.

Ach so.

Schauspielerin.

Sie möchten mich am liebsten alle vergiften. Aber das wird
10   ihnen nicht gelingen.

Dichter.

Denke jetzt nicht an die anderen Menschen. Freue dich lieber,
dass wir hier sind, und sage mir, dass du mich lieb hast.

Schauspielerin.

15   Verlangst du noch weitere Beweise?

Dichter.

Bewiesen kann das überhaupt nicht werden.

Schauspielerin.

Das ist aber großartig! Was willst du denn noch?

20 **Dichter.**

Wie vielen hast du es schon auf diese Art beweisen wollen ...
hast du alle geliebt?

Schauspielerin.

O nein. Geliebt hab ich nur einen.

25 **Dichter** *(umarmt sie)*.

Mein ...

Schauspielerin.

Fritz.

Dichter.

30   Ich heiße Robert. Was bin denn ich für dich, wenn du jetzt an
Fritz denkst?

Schauspielerin.

Du bist eine Laune.

Dichter.

35   Gut, dass ich es weiß.

Schauspielerin.

Nun sag, bist du nicht stolz?

Dichter.

Ja, weshalb soll ich denn stolz sein?

Schauspielerin.

Ich denke, dass du wohl einen Grund dazu hast.

5 **Dichter.**

Ach deswegen.

Schauspielerin.

Jawohl, deswegen, meine blasse Grille! – Nun, wie ist das mit dem Zirpen? Zirpen sie noch?

10 **Dichter.**

Ununterbrochen. Hörst du's denn nicht?

Schauspielerin.

Freilich hör ich. Aber das sind Frösche, mein Kind.

Dichter.

15 Du irrst dich; die quaken.

Schauspielerin.

Gewiss quaken sie.

Dichter.

Aber nicht hier, mein Kind, hier wird gezirpt.

20 **Schauspielerin.**

Du bist wohl das Eigensinnigste, was mir je untergekommen ist. Gib mir einen Kuss, mein Frosch!

Dichter.

Bitte sehr, nenn mich nicht so. Das macht mich direkt nervös.

25 **Schauspielerin.**

Nun, wie soll ich dich nennen.

Dichter.

Ich hab doch einen Namen: Robert.

Schauspielerin.

30 Ach, das ist zu dumm.

Dichter.

Ich bitte dich aber, mich einfach so zu nennen, wie ich heiße.

Schauspielerin.

Also Robert, gib mir einen Kuss ... Ah! *(Sie küsst ihn.)* Bist du

35 jetzt zufrieden, Frosch? Hahahaha.

Dichter.

Würdest du mir erlauben, mir eine Zigarette anzuzünden?

Schauspielerin.

Gib mir auch eine.

(Er nimmt die Zigarettentasche vom Nachtkästchen, entnimmt ihr zwei Zigaretten, zündet beide an, gibt ihr eine.)

5 **Schauspielerin.**

Du hast mir übrigens noch kein Wort über meine gestrige Leistung gesagt.

Dichter.

Über welche Leistung?

10 **Schauspielerin.**

Nun.

Dichter.

Ach so. Ich war nicht im Theater.

Schauspielerin.

15 Du beliebst wohl zu scherzen.

Dichter.

Durchaus nicht. Nachdem du vorgestern abgesagt hast, habe ich angenommen, dass du auch gestern noch nicht im Vollbesitze deiner Kräfte sein würdest, und da hab ich lieber verzichtet.

20 **Schauspielerin.**

Du hast wohl viel versäumt.

Dichter.

So.

Schauspielerin.

25 Es war sensationell. Die Menschen sind blass geworden.

Dichter.

Hast du das deutlich bemerkt?

Schauspielerin.

Benno sagte: Kind, du hast gespielt wie eine Göttin.

30 **Dichter.**

Hm! ... Und vorgestern noch so krank.

Schauspielerin.

Jawohl; ich war es auch. Und weißt du warum? Vor Sehnsucht nach dir.

35 **Dichter.**

Früher hast du mir erzählt, du wolltest mich ärgern und hast darum abgesagt.

Schauspielerin.

Aber was weißt du von meiner Liebe zu dir. Dich lässt ja alles kalt. Und ich bin schon nächtelang im Fieber gelegen. Vierzig Grad!

5 **Dichter.**

Für eine Laune ist das ziemlich hoch.

Schauspielerin.

Laune nennst du das? Ich sterbe vor Liebe zu dir und du nennst es Laune – ?!

10 **Dichter.**

Und Fritz ... ?

Schauspielerin.

Fritz? ... Rede mir nicht von diesem Galeerensträfling[1]! –

---

[1] Strafgefangener auf einem Schiff, der – meist angekettet – Ruderdienste verrichten muss

Die Schauspielerin und der Graf

Das Schlafzimmer der Schauspielerin. Sehr üppig eingerichtet. Es ist
zwölf Uhr mittags; die Rouleaux sind noch heruntergelassen; auf dem
Nachtkästchen brennt eine Kerze, die Schauspielerin liegt noch in
ihrem Himmelbett. Auf der Decke liegen zahlreiche Zeitungen.
5   *Der Graf tritt ein in der Uniform eines Dragonerrittmeisters[1]. Er*
bleibt an der Tür stehen. –

Schauspielerin.
Ah, Herr Graf.
Graf.
10 Die Frau Mama hat mir erlaubt, sonst wär ich nicht –
Schauspielerin.
Bitte, treten Sie nur näher.
Graf.
Küss die Hand. Pardon – wenn man von der Straßen herein-
15 kommt ... ich seh nämlich noch rein gar nichts. So ... da wären
wir ja *(am Bett):* Küss die Hand.
Schauspielerin.
Nehmen Sie Platz, Herr Graf.
Graf.
20 Frau Mama sagte mir, Fräulein sind unpässlich ... Wird doch
hoffentlich nichts Ernstes sein.
Schauspielerin.
Nichts Ernstes? Ich bin dem Tode nahe gewesen!
Graf.
25 Um Gottes willen, wie ist denn das möglich?
Schauspielerin.
Es ist jedenfalls sehr freundlich, dass Sie sich zu mir bemühen.
Graf.
Dem Tode nahe! Und gestern abend haben Sie noch gespielt
30 wie eine Göttin.
Schauspielerin.
Es war wohl ein großer Triumph.

---

[1] Dragoner: Kavallerist auf leichterem Pferd, leichter Reiter

Graf.

Kolossal[1]! ... Die Leute waren auch alle hingerissen. Und von
mir will ich gar nicht reden.

Schauspielerin.

5 Ich danke für die schönen Blumen.

Graf.

Aber bitt Sie, Fräulein.

Schauspielerin *(mit den Augen auf einen großen Blumenkorb wei-*
send, der auf einem kleinen Tischchen auf dem Fenster steht).

10 Hier stehen sie.

Graf.

Sie sind gestern förmlich überschüttet worden mit Blumen
und Kränzen.

Schauspielerin.

15 Das liegt noch alles in meiner Garderobe. Nur Ihren Korb habe
ich mit nach Hause gebracht.

Graf *(küsst ihr die Hand).*

Das ist lieb von Ihnen.

Schauspielerin *(nimmt die seine plötzlich und küsst sie).*

20 **Graf.**

Aber Fräulein.

Schauspielerin.

Erschrecken Sie nicht, Herr Graf, das verpflichtet Sie zu gar
nichts.

25 **Graf.**

Sie sind ein sonderbares Wesen ... rätselhaft könnte man fast
sagen. – *(Pause.)*

Schauspielerin.

Das Fräulein Birken ist wohl leichter aufzulösen.

30 **Graf.**

Ja die kleine Birken ist kein Problem, obzwar ... ich kenne sie
ja auch nur oberflächlich.

Schauspielerin.

Ha!

---

[1] riesig, gewaltig, sehr groß

Graf.

Sie können mir's glauben. Aber Sie sind ein Problem. Danach
hab ich immer Sehnsucht gehabt. Es ist mir eigentlich ein großer Genuss entgangen, dadurch, dass ich Sie gestern ... das
5 e r s t e Mal spielen gesehen habe.

Schauspielerin.

Ist das möglich?

Graf.

Ja. Schauen Sie, Fräulein, es ist so schwer mit dem Theater. Ich
10 bin gewöhnt, spät zu dinieren[1] ... also wenn man dann hin-
kommt, ist's Beste vorbei. Ist's nicht wahr?

Schauspielerin.

So werden Sie eben von jetzt an früher essen.

Graf.

15 Ja, ich hab auch schon daran gedacht. Oder gar nicht. Es ist ja
wirklich kein Vergnügen, das Dinieren.

Schauspielerin.

Was kennen Sie jugendlicher Greis eigentlich noch für ein
Vergnügen?

20 **Graf.**

Das frag ich mich selber manchmal! Aber ein Greis bin ich
nicht. Es muss einen anderen Grund haben.

Schauspielerin.

Glauben Sie?

25 **Graf.**

Ja. Der Lulu[2] sagt beispielsweise, ich bin ein Philosoph. Wissen Sie, Fräulein, er meint, ich denk zu viel nach.

Schauspielerin.

Ja ... denken, das ist das Unglück.

30 **Graf.**

Ich hab zu viel Zeit, drum denk ich nach. Bitt Sie, Fräulein,
schauen S', ich hab mir gedacht, wenn s' mich nach Wien

---

[1] speisen
[2] Koseform des Namens Louis, auch in der Bedeutung: Liebling, Schatz

transferieren[1], wird's besser. Da gibt's Zerstreuung, Anregung. Aber es ist im Grund doch nicht anders als da oben.

Schauspielerin.

Wo ist denn das da oben?

5 **Graf.**

Na, da unten, wissen S' Fräulein, in Ungarn, in die Nester, wo ich meistens in Garnison[2] war.

Schauspielerin.

Ja, was haben Sie denn in Ungarn gemacht?

10 **Graf.**

Na, wie ich sag, Fräulein, Dienst.

Schauspielerin.

Ja warum sind Sie denn so lang in Ungarn geblieben?

Graf.

15 Ja, das kommt so.

Schauspielerin.

Da muss man ja wahnsinnig werden.

Graf.

Warum denn? Zu tun hat man eigentlich mehr wie da. Wissen
20 S' Fräulein, Rekruten ausbilden, Remonten reiten[3] ... und dann ist's nicht so arg mit der Gegend, wie man sagt. Es ist schon ganz was Schönes, die Tiefebene – und so ein Sonnenuntergang, es ist schade, dass ich kein Maler bin, ich hab mir manchmal gedacht, wenn ich ein Maler wär, tät ich's malen.
25 Einen haben wir gehabt beim Regiment, einen jungen Splany, der hat's können. – Aber was erzähl ich Ihnen da für fade G'schichten, Fräulein.

Schauspielerin.

O bitte, ich amüsiere mich königlich.

30 **Graf.**

Wissen S' Fräulein, mit Ihnen kann man plaudern, das hat mir der Lulu schon g'sagt, und das ist's, was man so selten find't.

---

[1] versetzen
[2] Standort
[3] junge Pferde fürs Militär zureiten

Schauspielerin.

Nun freilich, in Ungarn.

Graf.

Aber in Wien grad so! Die Menschen sind überall dieselben; da
5   wo mehr sind, ist halt das Gedräng größer, das ist der ganze
Unterschied. Sagen S' Fräulein, haben Sie Menschen eigentlich gern?

Schauspielerin.

Gern – ?? Ich hasse sie! Ich kann keine sehn! Ich seh auch nie
10   jemanden. Ich bin immer allein, dieses Haus betritt niemand.

Graf.

Sehn S', das hab ich mir gedacht, dass Sie eigentlich eine Men-
schenfeindin sind. Bei der Kunst muss das oft vorkommen.
Wenn man so in den höheren Regionen ... na, Sie haben's gut,
15   Sie wissen doch wenigstens, warum Sie leben!

Schauspielerin.

Wer sagt Ihnen das? Ich habe keine Ahnung, wozu ich lebe!

Graf.

Ich bitt Sie, Fräulein, – berühmt – gefeiert –

20 **Schauspielerin.**

Ist das vielleicht Glück?

Graf.

Glück? Bitt Sie, Fräulein, Glück gibt's nicht. Überhaupt gerade
die Sachen, von denen am meisten g'redt wird[1], gibt's nicht ...
25   z. B. Liebe. Das ist auch so was.

Schauspielerin.

Da haben Sie wohl recht.

Graf.

Genuss ... Rausch ... also gut, da lässt sich nichts sagen ... das
30   ist was Sicheres. Jetzt genieße ich, ... gut, weiss ich, ich genieß.
Oder ich bin berauscht, schön. Das ist auch sicher. Und ist's
vorbei, so ist es halt vorbei.

Schauspielerin *(groß)*.

Es i s t vorbei!

---

[1]   vgl. Lessings Drama „Minna von Barnhelm", II, 1: „Man spricht selten
von der Tugend, die man hat; aber desto öfter von der, die uns fehlt."

Graf.

Aber sobald man sich nicht, wie soll ich mich denn ausdrükken, sobald man sich nicht dem Moment hingibt, also an später denkt oder an früher ... na, ist es doch gleich aus. Später ...

5 ist traurig ... früher ist ungewiss ... mit einem Wort ... man wird nur konfus. Hab ich nicht recht?

Schauspielerin *(nickt mit großen Augen)*.

Sie haben wohl den Sinn erfasst.

Graf.

10 Und sehen S', Fräulein, wenn einem das einmal klar geworden ist, ist's ganz egal, ob man in Wien lebt oder in der Pussta[1] oder in Steinamanger[2]. Schaun S' zum Beispiel ... wo darf ich denn die Kappen hinlegen? So, ich dank schön ... wovon haben wir denn nur gesprochen?

15 **Schauspielerin.**

Von Steinamanger.

Graf.

Richtig. Also wie ich sag, der Unterschied ist nicht groß. Ob ich am Abend im Kasino sitz oder im Klub, ist doch alles eins.

20 **Schauspielerin.**

Und wie verhält sich denn das mit der Liebe?

Graf.

Wenn man dran glaubt, ist immer eine da, die einen gern hat.

Schauspielerin.

25 Zum Beispiel das Fräulein Birken.

Graf.

Ich weiß wirklich nicht, Fräulein, warum Sie immer auf die kleine Birken zu reden kommen.

Schauspielerin.

30 Das ist doch Ihre Geliebte.

Graf.

Wer sagt denn das?

Schauspielerin.

Jeder Mensch weiß das.

---

[1] ungar.: Weideland in Ungarn
[2] ungarische Provinzstadt

Graf.

Nur ich nicht, es ist merkwürdig.

Schauspielerin.

Sie haben doch ihretwegen ein Duell gehabt!

5 **Graf.**

Vielleicht bin ich sogar totgeschossen worden und hab's gar nicht bemerkt.

Schauspielerin.

Nun, Herr Graf, Sie sind ein Ehrenmann. Setzen Sie sich nä-
10 her.

Graf.

Bin so frei.

Schauspielerin.

Hierher *(sie zieht ihn an sich, fährt ihm mit der Hand durch die*
15 *Haare).* Ich hab gewusst, dass Sie heute kommen werden!

Graf.

Wieso denn?

Schauspielerin.

Ich hab es bereits gestern im Theater gewusst.

20 **Graf.**

Haben Sie mich denn von der Bühne aus gesehen?

Schauspielerin.

Aber Mann! Haben Sie denn nicht bemerkt, dass ich nur für Sie spiele?

25 **Graf.**

Wie ist das denn möglich?

Schauspielerin.

Ich bin ja so geflogen, wie ich Sie in der ersten Reihe sitzen sah!

30 **Graf.**

Geflogen? Meinetwegen? Ich hab keine Ahnung gehabt, dass Sie mich bemerken!

Schauspielerin.

Sie können einen auch mit Ihrer Vornehmheit zur Verzweif-
35 lung bringen.

Graf.

Ja, Fräulein ...

Schauspielerin.

„Ja Fräulein"!... So schnallen Sie doch wenigstens Ihren Säbel ab!

Graf.

5 Wenn es erlaubt ist. *(Schnallt ihn ab, lehnt ihn ans Bett.)*

Schauspielerin.

Und gib mir endlich einen Kuss.

Graf *(küsst sie, sie lässt ihn nicht los).*

Schauspielerin.

10 Dich hätte ich auch lieber nie erblicken sollen.

Graf.

Es ist doch besser so! –

Schauspielerin.

Herr Graf, Sie sind doch ein Poseur[1]!

15 **Graf.**

Ich – warum denn?

Schauspielerin.

Was glauben Sie, wie glücklich wär mancher, wenn er an Ihrer Stelle sein dürfte!

20 **Graf.**

Ich bin sehr glücklich.

Schauspielerin.

Nun, ich dachte, es gibt kein Glück. Wie schaust du mich denn an? Ich glaube, Sie haben Angst vor mir, Herr Graf!

25 **Graf.**

Ich sag's ja, Fräulein, Sie sind ein Problem.

Schauspielerin.

Ach lass du mich in Frieden mit der Philosophie ... komm zu mir. Und jetzt bitt mich um irgend was ... du kannst alles ha-

30 ben, was du willst. Du bist zu schön.

Graf.

Also ich bitte um die Erlaubnis *(ihre Hand küssend)*, dass ich heute abends wiederkommen darf.

Schauspielerin.

35 Heut abend ... ich spiele ja.

---

[1] frz.: Blender, Wichtigtuer

Graf.

Nach dem Theater.

Schauspielerin.

Um was anderes bittest du nicht?

5 **Graf.**

Um alles andere werde ich nach dem Theater bitten.

Schauspielerin *(verletzt)*.

Da kannst du lange bitten, du elender Poseur.

Graf.

10 Ja schauen Sie, oder schau, wir sind doch bis jetzt so aufrichtig miteinander gewesen ... Ich fände das alles viel schöner am Abend nach dem Theater ... gemütlicher als jetzt, wo ... ich hab immer so die Empfindung, als könnte die Tür aufgehn ...

Schauspielerin.

15 Die geht nicht von außen auf.

Graf.

Schau, ich find, man soll sich nicht leichtsinnig von vornherein was verderben, was möglicherweise sehr schön sein könnte.

Schauspielerin.

20 Möglicherweise! ...

Graf.

In der Früh, wenn ich die Wahrheit sagen soll, find ich die Liebe grässlich.

Schauspielerin.

25 Nun – du bist wohl das Irrsinnigste, was mir je vorgekommen ist!

Graf.

Ich red ja nicht von beliebigen Frauenzimmern ... schließlich im allgemeinen ist's ja egal. Aber Frauen wie du ... nein, du

30 kannst mich hundertmal einen Narren heißen. Aber Frauen wie du ... nimmt man nicht vor dem Frühstück zu sich. Und so ... weißt ... so ...

Schauspielerin.

Gott, was bist du süß!

35 **Graf.**

Siehst du das ein, was ich g'sagt hab, nicht wahr. Ich stell mir das so vor –

Schauspielerin.

Nun, wie stellst du dir das vor?

Graf.

Ich denk mir ... ich wart nach dem Theater auf dich in ein'
5 Wagen, dann fahren wir zusammen also irgendwohin soupie-
ren[1] –

Schauspielerin.

Ich bin nicht das Fräulein Birken.

Graf.

10 Das hab ich ja nicht gesagt. Ich find nur, zu allem g'hört Stimmung. Ich komm immer erst beim Souper in Stimmung. Das
ist dann das Schönste, wenn man so vom Souper zusamm'
nach Haus fahrt, dann ...

Schauspielerin.

15 Was ist d a n n?

Graf.

Also dann ... liegt das in der Entwicklung der Dinge.

Schauspielerin.

Setz dich doch näher. Näher.

20 **Graf** *(sich aufs Bett setzend)*.

Ich muss schon sagen, aus den Polstern kommt so ein ... Rese-
da[2] ist das – nicht?

Schauspielerin.

Es ist sehr heiß hier, findest du nicht?

25 **Graf** *(neigt sich und küsst ihren Hals)*.

Schauspielerin.

Oh, Herr Graf, das ist ja gegen Ihr Programm.

Graf.

Wer sagt denn das? Ich hab kein Programm.

30 **Schauspielerin** *(zieht ihn an sich)*.

Graf.

Es ist wirklich heiß.

---

[1] festlich zu Abend essen
[2] Zierpflanze mit grünlichen, wohlriechenden Blättern

Schauspielerin.

Findest du? Und so dunkel, wie wenn's Abend wär ... *(reißt ihn an sich)*. Es ist Abend ... es ist Nacht ... Mach die Augen zu, wenn's dir zu licht ist. Komm! ... Komm! ...

5 **Graf** *(wehrt sich nicht mehr).*

– –

Schauspielerin.

Nun, wie ist das jetzt mit der Stimmung, du Poseur?

Graf.

Du bist ein kleiner Teufel.

10 **Schauspielerin.**

Was ist das für ein Ausdruck?

Graf.

Na, also ein Engel.

Schauspielerin.

15 Und du hättest Schauspieler werden sollen! Wahrhaftig! Du kennst die Frauen! Und weißt du, was ich jetzt tun werde?

Graf.

Nun?

Schauspielerin.

20 Ich werde dir sagen, dass ich dich nie wiedersehen will.

Graf.

Warum denn?

Schauspielerin.

Nein, nein. Du bist mir zu gefährlich! Du machst ja ein Weib

25 toll. Jetzt stehst du plötzlich vor mir, als wär nichts geschehn.

Graf.

Aber ...

Schauspielerin.

Ich bitte sich zu erinnern, Herr Graf, ich bin soeben Ihre Ge-

30 liebte gewesen.

Graf.

Ich werd's nie vergessen!

Schauspielerin.

Und wie ist das mit heute Abend?

35 **Graf.**

Wie meinst du das?

Schauspielerin.

Nun – du wolltest mich ja nach dem Theater erwarten?

Graf.

Ja, also gut, zum Beispiel übermorgen.

5 **Schauspielerin.**

Was heißt das, übermorgen? Es war doch von heute die Rede.

Graf.

Das hätte keinen rechten Sinn.

Schauspielerin.

10 Du Greis!

Graf.

Du verstehst mich nicht recht. Ich mein das mehr, was, wie
soll ich mich ausdrücken, was die Seele anbelangt.

Schauspielerin.

15 Was geht mich deine Seele an.

Graf.

Glaub mir, sie gehört mit dazu. Ich halte das für eine falsche
Ansicht, dass man das so voneinander trennen kann.

Schauspielerin.

20 Lass mich mit deiner Philosophie in Frieden. Wenn ich das
haben will, lese ich Bücher.

Graf.

Aus Büchern lernt man ja doch nie.

Schauspielerin.

25 Das ist wohl wahr! Drum sollst du mich heut Abend erwarten.
Wegen der Seele werden wir uns schon einigen, du Schurke!

Graf.

Also wenn du erlaubst, so werde ich mit meinem Wagen ...

Schauspielerin.

30 Hier in meiner Wohnung wirst du mich erwarten –

Graf.

... Nach dem Theater.

Schauspielerin.

Natürlich.

35 *(Er schnallt den Säbel um.)*

Schauspielerin.

Was machst du denn da?

Graf.

Ich denke, es ist Zeit, dass ich geh. Für einen Anstandsbesuch bin ich doch eigentlich schon ein bissel lang geblieben.

Schauspielerin.

5 Nun, heut abend soll es kein Anstandsbesuch werden.

Graf.

Glaubst du?

Schauspielerin.

Dafür lass nur mich sorgen. Und jetzt gib mir noch einen
10 Kuss, mein kleiner Philosoph. So, du Verführer, du ... süßes Kind, du Seelenverkäufer, du Iltis ... du ... *(Nachdem sie ihn ein paarmal heftig geküsst, stößt sie ihn heftig von sich.)* Herr Graf, es war mir eine große Ehre!

Graf.

15 Ich küss die Hand, Fräulein! *(Bei der Tür.)* Auf Wiederschaun.

Schauspielerin.

Adieu, Steinamanger!

Der Graf und die Dirne

Morgen, gegen sechs Uhr, – Ein ärmliches Zimmer; einfenstrig, die
gelblich-schmutzigen Rouletten sind heruntergelassen. Verschlissene
grünliche Vorhänge. Eine Kommode, auf der ein paar Photographien
stehen und ein auffallend geschmackloser, billiger Damenhut liegt.
5 *Hinter dem Spiegel billige japanische Fächer. Auf dem Tisch, der mit*
einem rötlichen Schutztuch überzogen ist, steht eine Petroleumlampe,
die schwach brenzlich brennt; papierener, gelber Lampenschirm,
daneben ein Krug, in dem ein Rest von Bier ist, und ein halb geleertes
Glas. Auf dem Boden neben dem Bett liegen unordentlich Frauen-
10 *kleider, als wenn sie eben rasch abgeworfen worden wären. Im Bett*
liegt schlafend die Dirne; sie atmet ruhig. – Auf dem Diwan, völlig
angekleidet, liegt der Graf, im Drapp-Überzieher[1], der Hut liegt zu
Häupten des Diwans auf dem Boden.

Graf *(bewegt sich, reibt die Augen, erhebt sich rasch, bleibt sitzen,*
15 *schaut um sich).*
Ja, wie bin denn ... Ah so ... Also bin ich richtig mit dem Frauen-
zimmer nach Haus ... *(Er steht rasch auf, sieht ihr Bett.)* Da liegt s'
ja ... Was einem noch alles in meinem Alter passieren kann. Ich
hab keine Idee, haben s' mich da heraufgetragen? Nein ... ich hab
20 ja gesehn – ich komm in das Zimmer ... ja ... da bin ich noch
wach gewesen oder wach worden ... oder ... oder ist vielleicht nur,
dass mich das Zimmer an was erinnert? ... Meiner Seel, na ja ...
gestern hab ich's halt g'sehn ... *(sieht auf die Uhr)* was! gestern,
vor ein paar Stunden – Aber ich hab's g'wusst, dass was passie-
25 ren muss ... ich hab's g'spürt ... wie ich ang'fangen hab zu trinken gestern, hab' ich's g'spürt, dass ... Und was ist denn passiert?
... Also nichts ... Oder ist was ... ? Meiner Seel ... seit ... also seit
zehn Jahren ist mir so was nicht vor'kommen, dass ich nicht
weiß ... Also kurz und gut, ich war halt b'soffen. Wenn ich nur
30 wüsst, von wann an ... Also das weiß ich noch ganz genau, wie
ich in das Hurenkaffeehaus hinein bin mit dem Lulu und ...
nein, nein ... vom Sacher[2] sind wir ja noch weg'gangen ... und

---

[1] weiter Mantel aus Wolltuch
[2] heute wie damals berühmtes Wiener Nobelhotel mit einem Caféhaus

dann auf dem Weg ist schon ... Ja richtig, ich bin ja in meinem Wagen g'fahren mit'm Lulu ... Was zerbrich ich mir denn viel den Kopf. Ist ja egal. Schaun wir, dass wir weiterkommen. *(Steht auf. Die Lampe wackelt.)* Oh! *(Sieht auf die Schlafende.)* Die hat
5 halt einen g'sunden Schlaf. Ich weiß zwar von gar nix – aber ich werd ihr 's Geld aufs Nachtkastel legen ... und Servus ... *(Er steht vor ihr, sieht sie lange an.)* Wenn man nicht wüsst, was sie ist! *(Betrachtet sie lang.)* Ich hab viel kennt, die haben nicht einmal im Schlafen so tugendhaft ausg'sehn. Meiner Seel ... also der
10 Lulu möcht wieder sagen, ich philosophier, aber es ist wahr, der Schlaf macht auch schon gleich, kommt mir vor; – wie der Herr Bruder, also der Tod ... Hm, ich möcht nur wissen, ob ... Nein, daran müsst ich mich ja erinnern ... Nein, nein, ich bin gleich da auf den Diwan herg'fallen ... und nichts is g'schehn ... Es ist un-
15 glaublich, wie sich manchmal alle Weiber ähnlich schaun ... Na, gehn wir. *(Er will gehen.)* Ja richtig. *(Er nimmt die Brieftasche und ist eben daran, eine Banknote herauszunehmen.)*

Dirne *(wacht auf).*

Na ... wer ist denn in aller Früh –? *(Erkennt ihn.)* Servus, Bubi!
20 **Graf.**

Guten Morgen. Hast gut g'schlafen?

Dirne *(reckt sich).*

Ah, komm her. Pussi geben.

Graf *(beugt sich zu ihr herab, besinnt sich, wieder fort).*
25 Ich hab grad fortgehen wollen ...

Dirne.

Fortgehn?

Graf.

Es ist wirklich die höchste Zeit.
30 **Dirne.**

So willst du fortgehn?

Graf *(fast verlegen).*

So ...

Dirne.
35 Na, Servus; kommst halt ein anderes Mal.

Graf.

Ja, grüss dich Gott. Na, willst nicht das Handerl geben?

Dirne *(gibt die Hand aus der Decke hervor).*

Graf *(nimmt die Hand und küsst sie mechanisch, bemerkt es, lacht).*

Wie einer Prinzessin. Übrigens, wenn man nur ...

Dirne.

5 Was schaust mich denn so an?

Graf.

Wenn man nur das Kopferl sieht, wie jetzt ... beim Aufwachen
sieht doch eine jede unschuldig aus ... meiner Seel, alles mögliche könnt man sich einbilden, wenn's nicht so nach Petrole-

10 um stinken möcht ...

Dirne.

Ja, mit der Lampen ist immer ein G'frett[1].

Graf.

Wie alt bist denn eigentlich?

15 **Dirne.**

Na, was glaubst?

Graf.

Vierundzwanzig.

Dirne.

20 Ja freilich.

Graf.

Bist schon älter?

Dirne.

Ins zwanzigste geh i.

25 **Graf.**

Und wie lang bist du schon ...

Dirne.

Bei dem G'schäft bin i ein Jahr.

Graf.

30 Da hast du aber früh ang'fangen.

Dirne.

Besser zu früh als zu spät.

Graf *(setzt sich aufs Bett).*

Sag mir einmal, bist du eigentlich glücklich?

---

[1] südostdt.: Mühsal, Strapaze

Dirne.

Was?

Graf.

Also ich mein, geht's dir gut?

5 **Dirne.**

Oh; mir geht's alleweil gut.

Graf.

So ... Sag, ist dir noch nie eing'fallen, dass du was anderes werden könntest?

10 **Dirne.**

Was soll i denn werden?

Graf.

Also ... Du bist doch wirklich ein hübsches Mädel. Du könntest
doch z. B. einen Geliebten haben.

15 **Dirne.**

Meinst vielleicht, ich hab kein'?

Graf.

Ja, das weiß ich – ich mein aber einen, weißt, e i n e n, der dich
aushalt, dass du nicht mit einem jeden zu gehn brauchst.

20 **Dirne.**

I geh auch nicht mit ein' jeden. Gott sei Dank, das hab i net
notwendig, ich such mir s' schon aus.

Graf *(sieht sich im Zimmer um).*

Dirne *(bemerkt das).*

25 Im nächsten Monat ziehn wir in die Stadt, in die Spiegelgasse[1].

Graf.

Wir? Wer denn?

Dirne.

Na, die Frau, und die paar anderen Mädeln, die noch da woh-
30 nen.

Graf.

Da wohnen noch solche –

Dirne.

Da daneben ... hörst net ... das ist die Milli, die auch im Kaffee-
35 haus g'wesen ist.

---

[1] Straße im vornehmen I. Wiener Bezirk

Graf.

Da schnarcht wer.

Dirne.

Das ist schon die Milli, die schnarcht jetzt weiter 'n ganzen Tag
5 bis um zehn auf d' Nacht. Dann stehts' auf und geht ins Kaffeehaus.

Graf.

Das ist doch ein schauderhaftes Leben.

Dirne.

10 Freilich. Die Frau gift' sich[1] auch genug. Ich bin schon um
zwölfe Mittag immer auf der Gassen.

Graf.

Was machst denn um zwölf auf der Gassen?

Dirne.

15 Was werd ich denn machen? Auf den Strich geh ich halt.

Graf.

Ah so ... natürlich ... *(steht auf, nimmt die Brieftasche heraus, legt
ihr eine Banknote auf das Nachtkastel).* Adieu!

Dirne.

20 Gehst schon ... Servus ... Komm bald wieder. *(Legt sich auf die
Seite.)*

Graf *(bleibt wieder stehen).*

Du, sag einmal, dir ist schon alles egal – was?

Dirne.

25 Was?

Graf.

Ich mein, dir macht's gar keine Freud mehr.

Dirne *(gähnt).*

Ein' Schlaf hab ich.

30 **Graf.**

Dir ist alles eins, ob einer jung ist oder alt oder ob einer ...

Dirne.

Was fragst denn?

---

[1] sich giften: sich ärgern

Graf.

... Also *(plötzlich auf etwas kommend)* meiner Seel, jetzt weiß ich, an wen du mich erinnerst, das ist ...

Dirne.

5   Schau i wem gleich?

Graf.

Unglaublich, unglaublich, jetzt bitt ich dich aber sehr, red gar nichts, eine Minute wenigstens ... *(schaut sie an)* ganz dasselbe G'sicht, ganz dasselbe G'sicht. *(Er küsst sie plötzlich auf die Au-*

10   *gen.)*

Dirne.

Na ...

Graf.

Meiner Seel, es ist schad, dass du ... nichts andres bist ... Du

15   könnt'st ja dein Glück machen!

Dirne.

Du bist grad wie der Franz.

Graf.

Wer ist Franz?

20 **Dirne.** Na der Kellner von unserm Kaffeehaus ...

Graf.

Wieso bin ich grad so wie der Franz?

Dirne.

Der sagt auch alleweil, ich könnt mein Glück machen und ich

25   soll ihn heiraten.

Graf.

Warum tust du's nicht?

Dirne.

Ich dank schön ... ich möcht nicht heiraten, nein, um keinen

30   Preis. Später einmal vielleicht.

Graf.

Die Augen ... ganz die Augen ... Der Lulu möcht sicher sagen, ich bin ein Narr – aber ich will dir noch einmal die Augen küssen ... so ... und jetzt grüß dich Gott, jetzt geh ich.

35 **Dirne.**

Servus ...

Graf *(bei der Tür).*

Du ... sag ... wundert dich das gar nicht ...

Dirne.

Was denn?

5 **Graf.**

Dass ich nichts von dir will.

Dirne.

Es gibt viele Männer, die in der Früh nicht aufgelegt sind.

Graf.

10 Na ja ... *(Für sich.)* Zu dumm, dass ich will, sie soll sich wundern ... Also Servus ... *(Er ist bei der Tür.)* Eigentlich ärger ich
mich. Ich weiß doch, dass es solchen Frauenzimmern nur aufs
Geld ankommt ... was sag ich – solchen ... es ist schön ... dass
sie sich wenigstens nicht verstellt, das sollte einen eher freuen
15 ... Du – weißt, ich komm nächstens wieder zu dir.

Dirne *(mit geschlossenen Augen).*

Gut.

Graf.

Wann bist du immer zu Haus?

20 **Dirne.**

Ich bin immer zu Haus. Brauchst nur nach der Leocadia zu
fragen.

Graf.

Leocadia ... Schön – Also grüß dich Gott. *(Bei der Tür.)* Ich hab
25 doch noch immer den Wein im Kopf. Also das ist doch das
Höchste ... ich bin bei so einer und hab nichts getan, als ihr die
Augen geküsst, weil sie mich an wen erinnert hat ... *(Wendet
sich zu ihr.)* Du, Leocadia, passiert dir das öfter, dass man so
weggeht von dir?

30 **Dirne.**

Wie denn?

Graf.

So wie ich?

Dirne.

35 In der Früh?

Graf.

Nein ... ob schon manchmal wer bei dir war, – und nichts von
dir wollen hat?

Dirne.

Nein, das ist mir noch nie g'schehn.

Graf.

Also, was meinst denn? Glaubst, du g'fallst mir nicht?

5 **Dirne.**

Warum soll ich dir denn nicht g'fallen? Bei der Nacht hab ich
dir schon g'fallen.

Graf.

Du g'fallst mir auch jetzt.

10 **Dirne.**

Aber bei der Nacht hab ich dir besser g'fallen?

Graf.

Warum glaubst du das?

Dirne.

15 Na, was fragst denn so dumm?

Graf.

Bei der Nacht ... ja, sag, bin ich denn nicht gleich am Diwan
hing'fallen?

Dirne.

20 Na freilich ... mit mir zusammen.

Graf.

Mit dir?

Dirne.

Ja, weißt denn du das nimmer?

25 **Graf.**

Ich hab ... wir sind zusammen ... ja ...

Dirne.

Aber gleich bist eing'schlafen.

Graf.

30 Gleich bin ich ... So ... Also so war das! ...

Dirne.

Ja, Bubi. Du musst aber ein' ordentlichen Rausch g'habt haben, dass dich nimmer erinnerst.

Graf.

35 So ... – Und doch ... es ist eine entfernte Ähnlichkeit ... Servus
(Lauscht.) Was ist denn los?

Dirne.

Das Stubenmädl ist schon auf. Geh, gib ihr was beim Hinaus-
gehn. Das Tor ist auch offen, ersparst den Hausmeister.

Graf.

5 Ja. *(Im Vorzimmer.)* Also ... Es wär doch schön gewesen, wenn
ich sie nur auf die Augen geküsst hätt. Das wäre beinahe ein
Abenteuer gewesen ... Es war mir halt nicht bestimmt. *(Das
Stubenmädel steht da, öffnet die Tür).* Ah – da haben S' ... Gute
Nacht. –

10 **Stubenmädchen.**

G u t e n M o r g e n.

Graf.

Ja freilich ... guten Morgen ... guten Morgen.

Anhang

1. Biografisches und Selbstzeugnisse

Die Kenntnis biografischer Hintergründe und weiterer Informationen über den Autor und sein Oeuvre ist für die Analyse eines literarischen Werkes zwar nicht unbedingt nötig, da es als autonomes Kunstwerk für sich selbst steht, kann aber neue Sinndimensionen und Deutungsper-
5 *spektiven eröffnen. Peter Michael Braunwarths Text fasst die wichtigsten Stationen von Arthur Schnitzlers Leben zusammen und ermöglicht Ihnen außerdem, sein frühes Drama „Reigen" in den Kontext seiner zahlreichen anderen Dramen und Prosatexte zu stellen. Von besonderem Reiz sind die darauf folgenden Textpassagen aus Schnitzlers Auto-*
10 *biografie „Jugend in Wien", die Ihnen einen plastischen und vergnüglichen Eindruck von Schnitzler als einem in Wien in der zweiten Hälfte des 19. Jahrhunderts heranreifenden Mann vermitteln. Wie alle Pubertierenden musste auch er seinen Platz in der Gesellschaft finden, was angesichts der zahlreichen entgegengesetzten Kräfte, die auf ihn ein-*
15 *wirkten – etwa die Erwartungen des Vaters, moralisch-sittliche Normen, eigene Vorstellungen von Leben und Beruf sowie nicht zuletzt die erwachende Sexualität –, nicht einfach war. Schnitzlers freizügige Erinnerungen geben bereits eine Ahnung der einerseits prüden, andererseits sexuell höchst aufgeladenen Atmosphäre, die auch im „Reigen"*
20 *herrscht. Die zwei Briefausschnitte schließlich sind im Vorfeld der Veröffentlichung entstanden und spiegeln Schnitzlers eigene Einstellung zu seinem Drama wider. Das zuletzt abgedruckte Vorwort aus dem 200 Exemplare umfassenden Privatdruck für Freunde, in dem Schnitzler die Unmöglichkeit einer Verlagspublikation betont (die allerdings*
25 *wenige Jahre später dennoch erfolgen wird), beweist, dass er selbst das skandalöse Potenzial des „Reigens" lange vor den ersten Demonstrationen, Tumulten und Gerichtsprozessen erkannt hat.*

Peter Michael Braunwarth: Arthur Schnitzler

Schnitzler, Arthur, * 15.5.1862 Wien, † 21.10.1931 ebd.; Grabstätte:
ebd., Zentralfriedhof, Israelitische Abteilung. – Erzähler, Dramatiker.

Schnitzler war das erste von vier Kindern (der zweitgeborene Sohn
starb bereits zwei Monate nach der Geburt) des Kehlkopfspezialis-
5 ten Johann Schnitzler. Dieser, ein Kind aus jüdischer Handwerker-
familie, war als Student aus einer ungarischen Kleinstadt nach

Wien gekommen und hatte es zu hohem gesellschaftlichen Anse-
hen gebracht. Schnitzlers Mutter Louise, geb. Markbreiter, war die
Tochter eines praktischen Arztes. In seiner Fragment gebliebenen
Autobiografie (postum u. d. T. *Jugend in Wien*. [...] beschreibt
5 Schnitzler, wie ihm durch die Wohnung seiner Großeltern mütter-
licherseits im Gebäude des Carltheaters die allerfrühesten Eindrücke aus der Theaterwelt vermittelt wurden.
Schnitzler besuchte 1871–1879 das Akademische Gymnasium und
entschied sich dann für das Medizinstudium (Promotion 1885).
10 1885–1888 war er Assistent und Sekundararzt im Wiener Allgemeinen Krankenhaus (u. a. bei Theodor Meynert, einem Lehrer Sigmund Freuds). 1888 bis 1893 Assistent des Vaters an der Poliklinik.
Nach dem Tod des Vaters 1893 unterhielt er eine Privatpraxis, die
mit zunehmender literarischer Tätigkeit immer mehr eingeschränkt
15 wurde. Allerdings: „Wer je Mediziner war, kann nie aufhören, es zu
sein. Denn Medizin ist eine Weltanschauung [...]."
Als Redakteur der medizinischen Wochenschrift seines Vaters, „In-
ternationale Klinische Rundschau", verfasste Schnitzler eine Vielzahl von Beiträgen, in der Hauptsache Rezensionen und Kongress-
20 berichte. [...] Seine erste literarische Veröffentlichung war *Liebeslied
der Ballerine* in der Zeitschrift „Der freie Landesbote" (Mchn. 1880).
Seit 1886 publizierte er regelmäßig Gedichte, Prosaskizzen u.
Aphorismen in literarischen Zeitschriften („Deutsche Wochenschrift", „An der schönen blauen Donau", „Moderne Dichtung").
25 1892 (vordatiert auf 1893) erschien in Berlin Schnitzlers Einakter-
reihe *Anatol* mit einem Prolog Hofmannsthals. In ihr waren sowohl
Schwankelemente nach französischen Mustern verarbeitet *(Ab-
schiedssouper, Anatols Hochzeitsmorgen)* als auch Schnitzlers inten-
sive Erfahrungen mit Hypnose und Suggestion *(Die Frage an das
30 Schicksal)*. In dem bereits in der Weihnachtsausgabe 1891 der
„Frankfurter Zeitung" erstmals abgedruckten Dialog *Weihnachts-
einkäufe* ist die Charakterisierung Anatols als eines „leichtsinnigen
Melancholikers" bes. deutlich.
1895 wurde am Hofburgtheater Wien Schnitzlers Schauspiel *Liebe-
35 lei* uraufgeführt, das einerseits die Tradition des bürgerlichen Trau-
erspiels fortführte, andererseits aber damit Skandal erregte, dass
erstmals eine leidenschaftl. Liebesgeschichte zwischen einem „sü-

ßen Mädel" aus der Wiener Vorstadt und einem wohlhabenden jungen Herrn auf die Bühne gebracht wurde. Im selben Jahr erschien Schnitzlers Novelle *Sterben* als erstes seiner Bücher im S. Fischer Verlag, Berlin, dem er von da an bis auf wenige Ausnah-
5 men mit seinem Gesamtwerk treu blieb.

In seiner 1901 in Berlin erschienenen Novelle *Lieutenant Gustl* wandte Schnitzler erstmals konsequent das Stilmittel des inneren Monologs an. Der ungehemmte Assoziationsfluss enthüllt dabei die Zweifelhaftigkeit des militärischen Ehrenkodex. Die Publikation
10 hatte eine öffentliche Diskussion zur Folge, was schließlich dazu führte, dass ein Ehrengericht Schnitzler seinen Rang als Reserveoffizier aberkannte.

1903 erschien in Wien die 1896/97 entstandene Szenenreihe *Reigen* über Egoismus und Kälte in sexuellen Beziehungen. Bis dahin hat-
15 te lediglich ein Privatdruck existiert, das Buch wurde bereits kurz darauf in Deutschland verboten. Lange widersetzte sich Schnitzler allen Anfragen um das Aufführungsrecht des Stückes. die Uraufführung kam erst 1920 in Berlin zustande. Nach Saalschlachten und organisierten Skandalen in Berlin u. Wien sowie nach einem
20 Prozess, in dem sich Schauspieler u. Direktion des Kleinen Schauspielhauses Berlin wegen Erregung öffentlichen Ärgernisses verantworten mussten, sperrte der Autor das Stück für jede weitere Aufführung, eine Sperre, die bis zum Jahre 1981 aufrecht blieb u. in dieser Zeit nur durch Verfilmungen, eine Schallplattenaufnahme u.
25 szen. Lesungen umgangen wurde.

Mit dem 1904 in Berlin erschienenen Schauspiel *Der einsame Weg* u. der am 14.10.1911 zugleich an acht namhaften Bühnen des dt. Sprachraums uraufgeführten Tragikomödie *Das weite Land* (Bln. 1911) stand Schnitzler auf dem Zenit seines öffentl. Ansehens. In
30 beiden Stücken wird die Komplexität von Gefühlen u. Beziehungen in den Mittelpunkt gerückt; der Dialog zeichnet sich durch einen Reichtum an Zwischentönen aus, der bisweilen mit Tschechow verglichen wurde (bemerkenswert, dass 1903, neun Jahre vor Erscheinen einer dt. Gesamtausgabe von Schnitzlers Werken, bereits eine russische Werkausgabe begann).

In den 90er-Jahren hatte Schnitzler Kontakt zu Theodor Herzl[1], stand aber dem Zionismus[2] ablehnend gegenüber. In seinem Künstler- und Gesellschaftsroman *Der Weg ins Freie* (Bln. 1908) gestaltete er auch das Dilemma des assimilierten[3] österreichischen Juden, dem von seiner nichtjüdischen Umwelt das volle Heimatrecht verweigert wird. 1912 fand in Berlin die Uraufführung von *Professor Bernhardi* statt. Als Anregung zu diesem Stück, das antisemitische Intrigen und parteipolitische Machenschaften rund um den Leiter einer Krankenanstalt zum Thema hat, hatten Schnitzler Erfahrungen seines Vaters als Gründer und Leiter der Allgemeinen Wiener Poliklinik gedient. In Österreich konnte das von Schnitzler als Komödie bezeichnete Stück erst 1918 aufgeführt werden, da die Zensurbehörden der österreichischen Monarchie ihre Bewilligung stets verweigert hatten.

Zu Beginn des Ersten Weltkriegs zählte Schnitzler zu den wenigen Schriftstellern, die sich nicht von der Welle der Kriegsbegeisterung mitreißen ließen. Er sah vielmehr in der Fantasielosigkeit der Verantwortlichen, die sich das Ausmaß der Leiden nicht vorzustellen vermochten, eine der Hauptursachen des Kriegs. Viele seiner scharfen Verurteilungen von Politikern und Diplomaten sind in jenen Aphorismen formuliert, die postum u.d.T. *Über Krieg und Frieden* [...] erschienen.

In den 20er-Jahren galt Schnitzler vielfach als Dichter einer versunkenen Welt, wurde eher als historische Figur denn als Zeitgenosse angesehen, wenngleich es an äußeren Ehrungen nicht mangelte. Seine Dramen wurden weniger aufgeführt, und der einzige größere Bucherfolg war die ähnlich wie *Lieutenant Gustl* als durchgehender innerer Monolog gestaltete Erzählung *Fräulein Else* (Bln./Wien/ Lpz. 1924). In der Inflationszeit nach 1921 war das Interesse internationaler Filmfirmen an seinen Stoffen für Schnitzler wichtig (schon 1914 war in Dänemark *Liebelei* verfilmt worden, nun kamen sechs weitere Verfilmungen seiner Werke zustande). Schnitzlers

---

[1] österreichisch-jüdischer Schriftsteller und Begründer des modernen Zionismus (1860–1904)

[2] politische Ideologie und Bewegung, die die Errichtung und Bewahrung eines jüdischen Nationalstaats in Palästina zum Ziel hat

[3] hier: der nichtjüdischen kulturellen Umwelt angepasst

Interesse an dem neuen Medium war so stark, dass er selbst Drehbuchentwürfe verfasste und dabei weitestgehenden Verzicht auf die bei Stummfilmen üblichen Zwischentitel anstrebte.

Der Roman *Therese. Chronik eines Frauenlebens* (Bln. 1928) nimmt einen Stoff wieder auf, der 1899 in der Novelle *Der Sohn* verarbeitet worden war. In trocken berichtendem Tonfall wird der Leidensweg einer vom Leben benachteiligten Frau geschildert, und Schnitzlers Augenmerk richtet sich dabei auf die sozialen Bedingungen dieser Biografie. 1931 erschien die bereits 14 Jahre zuvor abgeschlossene Erzählung *Flucht in die Finsternis* [...]. Diese letzte, zu Lebzeiten publizierte Arbeit hat ebenso wie Schnitzlers erstes Novellenbuch *(Sterben.* Berlin 1895) eine Krankengeschichte zum Inhalt; hier wird der allmähliche Verlauf einer Umklammerung durch paranoide[1] Vorstellungen beschrieben. Die 1917 entstandene Erzählung *Ich* [...] handelt ebenfalls von einer psychischen Einengung: Einem ordentlichen Handelsangestellten kommt das Zutrauen in die Verlässlichkeit aller Bezeichnungen immer mehr abhanden.

Von seinem 17. Lebensjahr bis zu seinem Tod führte Schnitzler ein ausführliches Tagebuch, dessen Geschlossenheit und Kontinuität über mehr als 50 Jahre einzigartig sind. Das etwa 8000 Seiten umfassende Manuskript in Schnitzlers schwer zu entziffernder Handschrift, das im Testament mit detaillierten Verfügungen bedacht worden war, wird seit 1981 ediert. Es zeigt Schnitzler als unbestechlichen Beobachter historischer und kultureller Entwicklungen, ist Werkstattbericht und Chronik zahlloser Begegnungen, Reisebuch u. Dokumentation der Träume. Schnitzlers lebenslange starke Beziehung zur Musik ist festgehalten, die Fatalität[2] einer Ohrenerkrankung, die mit dem 34. Lebensjahr einsetzte und zu zunehmender Schwerhörigkeit führte, seine Lektüre und die Vielzahl von Theater- u. Kinobesuchen. Es ist der mit aller Energie betriebene Versuch, das eigene Leben zu protokollieren und für eine Nachwelt aufzubewahren („als könnt es mich von der quälenden innern Einsamkeit befreien, wenn ich – jenseits meines Grabs Freunde wüsste", Tagebuch, 22.8.1918).

---

[1] wahnhafte
[2] Verhängnis

Das Interesse für Schnitzler war in den 60 Jahren seit seinem Tod mehrfachem Wandel unterworfen. Geriet er zunächst immer mehr in Vergessenheit (was mit dem Verbot seiner Werke durch die Nationalsozialisten noch beschleunigt wurde), so wurde er nach dem
5 Zweiten Weltkrieg neu entdeckt. Er war Gegenstand wissenschaftlicher Symposien in Italien und Frankreich, neben der neuen deutschen Werkausgabe erschien auch eine italienische. In den letzten Jahren nehmen sich engagierte jüngere Theaterleute in steigendem Maß seiner Stücke an, sein präziser psychologischer Blick,
10 sein Skeptizismus[1] und seine Sprachmeisterschaft finden Beachtung. Jean Améry hat auf Schnitzler als großen Moralisten hingewiesen, dessen Werk als Komplement[2] zu Robert Musil und Karl Kraus gelesen werden sollte, und Schnitzlers Maxime „Tiefsinn hat nie ein Ding erhellt, Klarsinn schaut tiefer in die Welt" (Motto des
15 *Buchs der Sprüche und Bedenken.* Wien 1927) hervorgehoben.

Aus: Walther Killy (Hg.): Literatur Lexikon. Band 10. München 1991, S. 343–345

Die Familie: Arthur
und Olga Schnitzler
mit Heini und Lili

---
[1] skeptische, alle Wahrheiten in Frage stellende Grundhaltung
[2] ergänzender Teil

Arthur Schnitzler: Jugend in Wien

Während nun durch die Un-
gunst der äußeren Umstän-
de, vor allem aber durch Un-
erfahrenheit, Schüchtern-
⁵ heit und sogenannte gute
Erziehung und am Ende
wohl auch aus Mangel an
echter Leidenschaft mein
Verhältnis zu der blonden
¹⁰ Jugendgeliebten sich in den
damals in unseren Kreisen
noch üblichen Grenzen
hielt, hatte der Zauber der
Weiblichkeit für den heran-
¹⁵ reifenden Knaben auch in
seiner allgemeineren Art zu
wirken begonnen. Zwar war
mein sittliches Empfinden

Arthur Schnitzler als Gymnasiast

oder wenigstens mein Gefühl für äußeren Anstand so ausgeprägt,
²⁰ dass ich es für angemessen hielt, unserer französischen Bonne[1],
die einmal, vielleicht nicht ganz absichtslos, in meiner Gegenwart
die Bluse wechselte, eine ernsthafte Zurechtweisung zu erteilen;
aber die geschminkten und vielsagend zwinkernden Damen, denen wir auf unseren Streifzügen durch die innere Stadt begegne-
²⁵ ten, erregten mein Interesse umso lebhafter, als die meisten meiner Freunde auf diesem Gebiete schon persönliche Erfahrungen zu
sammeln begonnen hatten. Noch entsinne ich mich, wie Adolf
nach seinem ersten Liebesabenteuer gegen Barzahlung die verlo-
rene Jugendkraft sofort in übergroßer Vorsicht durch eine aus zwei
³⁰ Rostbraten bestehende Mahlzeit im Gasthaus Zur Linde wiederzu-
gewinnen trachtete, doch bei der Knappheit seines Budgets und
der steigenden Anzahl seiner Abenteuer war er bald genötigt, von
so kostspieligen Ersatzmaßregeln abzusehen. Die auffallenderen

---

[1] Kindermädchen, Erzieherin

weiblichen Erscheinungen in der Kärntner Straße zeichneten wir
durch die Namen von griechischen Göttinnen aus, und insbesondere waren es Venus, Hebe und Juno, die unsere Einbildungskraft
erhitzten. Bei meiner wohlbegründeten Scheu vor einer intimeren
5 Bekanntschaft mit all den Huldinnen wusste meine Neugier sich
einen Vorwand für die ersten Ausflüge in das bedenkliche Revier zu
suchen und, frei nach Freund Adolf, der den Damen, die er mit
seiner Gunst beehrte, nachher in salbungsvoller Rede ihren sitten-
losen Lebenswandel vorzuhalten und sie zu einem reineren aufzu-
10 fordern pflegte, beschloss ich, mich gänzlich auf die erzieherische
Mission zu beschränken; und mit so ehrbaren, aber innerlich nicht
ganz ehrlichen Absichten folgte ich an einem schönen Sommertag
der strohblonden Venus in ihre Behausung auf dem Stock-im-Ei-
sen-Platz. Während das hübsche junge Geschöpf nackt auf dem
15 Diwan lag, lehnte ich in meinem noch ganz knabenhaft zuge-
schnittenen Anzug, Strohhut und Spazierstöckchen in der Hand,
am Fenster und redete der zugleich gelangweilten und belustigten
Schönen, die sich von dem Sechzehnjährigen bessere Unterhaltung erwartet hätte, ins Ge-
20 wissen, sich doch einem an-
ständigern und aussichtsrei-
chern Berufszweig als dem
von ihr erwählten zuzuwen-
den, und versuchte meinem
25 Ratschlag durch Vorlesen
passender Stellen aus einem
zu diesem Zweck mitge-
brachten Buch – leider weiß
ich nicht mehr, aus welchem
30 – größeren Nachdruck zu
verleihen. Ohne dass es mir
gelungen wäre, sie, oder ihr,
mich zu überzeugen, was sie
in ihrer Weise immerhin ge-
35 schickter anstellte als ich in
der meinen, nahm ich Ab-
schied und ließ ihr zwei Gul-

Wiener Prostituierte, um 1865

den zurück, deren Besitz ich der meiner Mutter vorgespiegelten
Notwendigkeit verdankte, mir einen neuen Gindely, Grundriss der
Weltgeschichte, kaufen zu müssen. Seither bekam der Name Gindely in der Unterhaltung zwischen uns verworfenen Jünglingen eine überaus pikante Nebenbedeutung. Im Laufe der nächsten Monate ließ ich dem Besuch bei Venus einige weitere bei den anderen
Göttinnen folgen; der erzieherische Teil blieb auf das Unerläss-
lichste beschränkt, aber auch weiterhin und noch auf lange hinaus,
gelang es mir, mich vor dem Sündenfall in seiner biblischen Bedeutung zu bewahren.

Nun führte ich aber seit geraumer Zeit ein Tagebuch, in das ich
außer Schulnachrichten auch allerlei höchst persönliche Erlebnisse, wie die letzterzählten, einzutragen pflegte, freilich meist nur in
Schlagworten, die aber doch auch dem Verständnis Nichteinge-
weihter zugänglich gewesen sein dürften. Dem letzten Büchlein
aus dem Winter 78/79 hatte ich nicht nur meine aufkeimende Nei-
gung zu der jugendlichen Tochter unseres Zahnarztes anvertraut,
während von Fännchen, die ihren unbestrittenen, gewissermaßen
akademischen Rang als Jugendliebe unter all diesen Wirrnissen
beibehielt, kaum die Rede war; sondern es befanden sich darin
auch Andeutungen über meine Besuche bei einer gewissen Emilie,
die nach Erledigung der griechischen Göttinnen an die Reihe gekommen war und die, wie ich mich dunkel erinnere, mir nicht nur
körperlich, sondern auch seelisch gefährlich zu werden anfing, da
ich mich ernstlich in sie verliebt glaubte. Das letzte Zeugnis über
das erste Semester der Achten war gerade noch leidlich, aber keineswegs zur Zufriedenheit meiner Eltern ausgefallen, und so hatte
sich die schwüle Stimmung, die ich daheim schon geraume Zeit
um mich brauen fühlte und die durch meine Nachlässigkeit im
Studium, meinen fortgesetzten Verkehr mit den „Freunderln", wie
mein Vater sie verächtlich nannte, und auch durch eine gewisse
Ungebärdigkeit meines Benehmens gefördert wurde, immer dro-
hender verdichtet und verdüstert; – bis eines Morgens, gerade als
ich zur Schule gehen wollte, mein Vater mir plötzlich stirnrunzelnd
anbefahl, ihm aus seinem Arbeitszimmer irgendeinen nebensäch-
lichen Gegenstand, einen Bleistift glaube ich, hereinzuholen. Mir
ahnte Schlimmes und mit Recht. Denn als ich wieder ins elterliche

Schlafgemach zurückkam, erwartete mich mein Vater mit strenger
Miene, mein kleines rotes Tagebuch in der Hand, und es ergab
sich, dass er bereits vor mehreren Tagen mit einem – ihm jedenfalls nicht von mir zur Verfügung gestellten – Schlüssel meine
5 Schreibtischlade geöffnet, mein Tagebuch gelesen und es wieder
an seinen Platz getan hatte, um heute – ich hatte offenbar das
letzte Mal meine Aufzeichnungen in einem besonders spannen-
den Moment unterbrochen – nachzulesen, was ich indes für neue
Untaten verzeichnet haben mochte. Zu leugnen gab es so unwider-
10 leglichen Schuldbeweisen gegenüber nichts; stumm musste ich

eine furchtbare
Strafpredigt über
mich ergehen las-
sen und wagte end-
15 lich kaum schüch-
terne Worte des Be-
fremdens über den
an mir verübten
Vertrauensbruch,
20 der mir durch das
patriarchalische
Verhältnis zwischen
Vater und Sohn kei-
neswegs genügend
25 gerechtfertigt
schien. Zum Be-
schluss nahm mich
der Vater mit sich
ins Ordinationszim-
30 mer[1] und gab mir
die drei großen gel-
ben Kaposischen
Atlanten der Syphi-
lis[2] und der Haut-

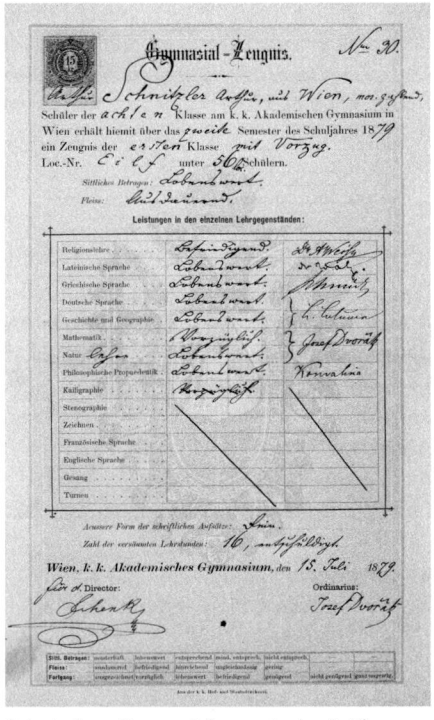

Schnitzlers Gymnasialzeugnis der 8. Klasse,
1879

---

[1] Untersuchungszimmer eines Arztes
[2] Geschlechtskrankheit

krankheiten zu durchblättern, um hier die möglichen Folgen eines lasterhaften Wandels in abschreckenden Bildern kennenzulernen. Dieser Anblick wirkte lange in mir nach; vielleicht verdanke ich es ihm, dass ich mich zumindest noch eine geraume Zeit lang vor Unvorsichtigkeiten hütete und insbesondere meine Besuche bei Emilie und ihresgleichen einzustellen für gut fand. (S. 84–87) [...] Mein Vater stand meinen schriftstellerischen Versuchen (er bekam natürlich nicht alle zu Gesicht) nach wie vor ohne Sympathie gegenüber, und mit Rücksicht auf meinen ärztlichen Ruf, der sich aus guten Gründen noch immer nicht befestigen wollte, wünschte er damals, dass ich als Belletrist[1] mindestens nicht unter meinem Namen hervortreten sollte. Dass er meinem ganzen Treiben in Literatur, Medizin und Leben ohne Freude zusah, war ihm wahrhaftig nicht übelzunehmen. Insbesondere meine Beziehungen zum weiblichen Geschlecht, über die er natürlich nur vage unterrichtet war, erfüllten ihn mit wachsender Sorge. Zu dieser oder einer etwas späteren Zeit geschah es, dass ich einmal mit ihm nach dem Theater im Restaurant zusammensaß und wir in eine vertrautere Unterhaltung gerieten, als sie sonst zwischen uns üblich war. Im Verlauf unseres Gesprächs drängte sich mir die Frage auf die Lippen, wie es denn eigentlich ein junger Mensch anstellen solle, um nicht entweder mit

„Wiener Frauenleben vor und hinter den Spiegelscheiben, IV: Im Cigarrenladen". Nach einer Skizze von Scharfetter, von Kollarz

---

[1] Schriftsteller der erzählenden Literatur

den Forderungen der Sitte, der Gesellschaft oder der Hygiene in
Widerspruch zu geraten. Verführung, Ehebruch seien unerlaubt,
Verhältnisse mit Kokotten[1] und Schauspielerinnen bedenklich und
kostspielig, dann gab es noch eine gewisse Sorte von sozusagen
5 anständigen Mädchen, die zwar schon vom Pfade der Tugend ab-
gewichen waren, bei denen man aber geradeso wie bei einer Verführten nach dem Ausdruck meines Vaters „hängenbleiben" könne; so blieben also wirklich nur Dirnen übrig, was immer, selbst
wenn man sich gesundheitlich zu schützen wisse, eine recht wider-
10 wärtige Angelegenheit zu bedeuten habe. Und ich stellte an meinen Vater das Ansinnen, mir selber einen Rat zu geben. Mein Vater
ließ sich auf Erörterungen nicht ein, sondern mit einer erledigen-
den Handbewegung bemerkte er einfach und dunkel zugleich:
„Man tut es ab." Damit war mir freilich wenig geholfen, und er
15 mochte wohl selbst fühlen, dass ich zum „Abtuer" in diesem und
in jenem Sinn nicht geboren sei. (S. 279 f.) [...]
Anfang Oktober hatte ich an einem schon in Ostende vorherbe-
stimmten Tag bei Frau Adele meinen Besuch gemacht und fand
mich von nun an öfters in den Nachmittagsstunden in ihrem klei-
20 nen Salon ein, der so absichtsvoll auf sinnliche Stimmung herge-
richtet war wie ihr ganzes äußeres und inneres Wesen. Wir spielten
einander eine kleine Komödie der Verliebtheit vor, ohne uns gegenseitig zu überzeugen. Sie war zärtlich ohne Herz, dämonisch ohne
Seele, lüstern ohne Leidenschaft und hingebungsvoll bis zu jener
25 Grenze, wo ihrer Ansicht nach der eigentliche Ehebruch anfing, als
wenn es sich nur darum handelte, ihrem Mann oder ihrem Liebha-
ber gegenüber nicht geradezu meineidig zu werden.
Auch Gisela Adler traf ich damals wieder öfters, doch immer nur
unter Leuten, meist in einer unterirdischen Kegelbahn, wo wir uns
30 in Händedrücken und Blicken unserer zärtlichen Gefühle stets neu
bewusst wurden; auch das Wiedererscheinen des einstigen Fräulein Gisela Freistadt, der jetzigen Weinhändlersgattin aus Leoben,
dessen ich schon an früherer Stelle gedacht habe, fällt in diese Epoche, und unter dem gleichen Datum, an dem ich diese banalen Er-

---

1 elegante Frauen mit guten Umgangsformen, die mit Männern sexuell
verkehren und sich von ihnen aushalten lassen

lebnisse in mein Tagebuch eintrug, am 10. Dezember 1888, stehen noch andere weibliche Namen dort aufgezeichnet, so der Fänn-chens, die im Herbst Herrn Simon Lawner geheiratet, der des Fräu-lein Rosa Sternlicht, die sich indes mit einem praktischen Arzt ver-mählt hatte, und endlich der schönen, jungmädchenhaften Helene Herz. Ihr begegnete ich immer wieder und wahrscheinlich lieber als jeder andern. Und eines Abends, mit ihrem Champagnerglas das meine berührend, halb schmerzlich, halb mitleidig, vielleicht nicht ganz ohne leise Verachtung, trank sie mir mit den Worten zu: „Dar-auf, dass Sie zielbewusster werden – in jeder Beziehung."

Solche Tagebuchnotizen schrieb ich zuweilen in Jeanettens einfa-chem Zimmer nieder, während sie selbst emsig stickend mir ge-genübersaß, manchmal zu mir herüberguckte und nichts ahnte, was ich eigentlich und insbesondere wie viele verschiedene Na-men von Mädchen und Frauen ich auf die losen Blätter kritzelte.

Und doch, mit all meiner Ahnung und all meinem Wissen war ich nicht viel weniger ahnungslos als sie, die sich gewiss all der Na-men nicht einmal erinnerte, die ihre Vergangenheit und wohl auch neben dem meinen ihre Gegenwart bedeuteten. (S. 305 f.)

Aus: Arthur Schnitzler: Jugend in Wien. Eine Autobiographie. Hrsg. von Therese Nickl und Heinrich Schnitzler. Frankfurt a.M.: Fischer Taschenbuch Verlag 2006

„Wiener Frauenleben vor und hinter den Spiegelscheiben, III: Im Caféhaus". Nach einer Skizze von Scharfetter, von Kollarz

„Before" and „After". Gemälde von William Hogarth, 1736

Arthur Schnitzler: Brief an Otto Brahm (7. Januar 1897)

[...] Ihre freundlichen Wünsche für 97 sollen, wenn überhaupt, erst im Frühjahr in Erfüllung gehen, denn unser grauer Winter lastet diesmal auffallend schwer auf meiner Stimmung und meinem Befinden. Ich habe große Sehnsucht nach dem Bicyclefahren[1], und

5 wenn ich mir eine schöne Zukunft vorstellen soll, so denke ich mich auf eine Wiese hingestreckt, das Rad an einen Baum gelehnt und unter freiem Him-
10 mel und in angenehmer Wärme und fern vom Straßenlärm eine gesunde und freche Komödie schreiben. Was die Wiese, das Hingestreckte und das
15 gelehnte Rad anbelangt, so ist die Erfüllung nahegerückt. Ich arbeite jetzt übrigens auch zu

Otto Brahm

---
[1] Fahrradfahren

Zeiten – zehn Dialoge, eine bunte Reihe *[Reigen];* aber etwas Un-
aufführbareres hat es noch nie gegeben. [...]

Aus: Der Briefwechsel Arthur Schnitzler – Otto Brahm. Hrsg., eingeleitet und erläutert
von Oskar Seidlin. Tübingen: Niemeyer 1975, S. 30

Arthur Schnitzler: Brief an Olga Waissnix (26. Februar 1897)

[...] Geschrieben hab ich den ganzen
Winter über nichts als eine Scenenreihe,
die vollkommen undruckbar ist, litera-
risch auch nicht viel heißt, aber, nach ein
5 paar hundert Jahren ausgegraben, einen
Theil unsrer Cultur eigentümlich beleuchten würde. [...]

Aus: Arthur Schnitzler, Olga Waissnix: Liebe, die
starb vor der Zeit. Ein Briefwechsel. Hrsg. von
Therese Nickl und Heinrich Schnitzler. Wien:
Molden 1970, S. 317

Olga Waissnix

Arthur Schnitzler: Vorwort im Privatdruck des „Reigen"

Ein Erscheinen der nachfolgenden Sce-
nen ist vorläufig ausgeschlossen. Ich habe sie nun als Manuscript in Druck gegeben; denn ich glaube, ihr Wert liegt an-
5 derswo als darin, dass ihr Inhalt den
geltenden Begriffen nach die Veröffentlichung zu verbieten scheint. Da jedoch
Dummheit und böser Wille immer in der
Nähe sind, füge ich den ausdrücklichen
10 Wunsch bei, dass meine Freunde, denen
ich dieses Manuscript gelegentlich über-
geben werde, es durchaus in diesem Sinne behandeln und als ein bescheidenes,
ihnen persönlich zugedachtes Geschenk
15 des Verfassers aufnehmen mögen.

Erstausgabe des
„Reigen". Privatdruck
in 200 Exemplaren

Aus: Arthur Schnitzler. Sein Leben und seine Zeit. Hrsg. von Heinrich Schnitzler u. a.
Frankfurt a. M.: Fischer Taschenbuch Verlag 1981, S. 74

2. Der Skandal

Erst über 20 Jahre nach seiner Entstehung (1896/97) gelangte der „Reigen" auf die Bühne: Im Dezember 1920 wurde er im kleinen Schauspielhaus Berlin uraufgeführt, kurz darauf feierte er auch in den Wiener Kammerspielen Premiere. Nachdem bereits die verschiedenen,
5 *durchaus erfolgreichen Buchpublikationen von Schwierigkeiten beglei- tet wurden – unter anderem wurde eine Ausgabe beschlagnahmt, eine öffentliche Lesung polizeilich verboten –, kam es im Zuge der Bühnen- aufführungen zu einem der größten Skandale der Literaturgeschichte. Schon vor der Premiere wurde gegen das angeblich pornografische und*
10 *sittenwidrige Stück protestiert, die Inszenierungen selbst wurden mas- siv gestört: Hunderte von Demonstranten stürmten wiederholt die Auf- führungen, skandierten Schlachtrufe, demolierten die Einrichtung und warfen Stinkbomben. Der Streit über Schnitzlers Skandaltext wurde in den verschiedenen Zeitungen heftig und in polemischer Zuspitzung*
15 *fortgeführt und gelangte sogar in den Gerichtssaal: Es gab zwei „Reigen"-Prozesse, die allerdings beide zugunsten des Stücks und der Inszenierung ausgingen. Einen guten Überblick über den damaligen Skandal bietet Ihnen der erste hier abgedruckte Text, in dem die wich- tigsten Ereignisse chronologisch aufgeführt sind. Dass dem Theaterin-*
20 *tendanten Max Reinhardt die Brisanz des „Reigens" bereits vor der Aufführung bewusst war, verdeutlicht sein Brief an Schnitzler, in dem er auf die Bedenken hinweist, „die sich bei der Verkörperung jener durch waagrechte Striche angedeuteten Situationen ergeben können" und die nur durch eine „rein künstlerische und diskrete Inszenierung"*
25 *zu überwinden seien. Trotz aller Diskretion der einzelnen Aufführungen kam es zu heftigen Anfeindungen gegen das Stück, wie auch Erich Schlaikjers Zeitungsartikel zeigt, in dem – wie typisch für die damali- gen Polemiken gegen den jüdischen Schriftsteller Schnitzler – eine na- tionalistische und antisemitische Grundhaltung überdeutlich wird. Die*
30 *vier am Ende abgedruckten Texte sind Protokolle aus dem zweiten „Reigen"-Prozess und vermitteln Ihnen einen Eindruck von der prüden Atmosphäre im damaligen Gerichtssaal – und in der damaligen Ge- sellschaft allgemein.*

Überblick zur Werk- und Aufführungsgeschichte

1900: Der Text erscheint zunächst als ein von Schnitzler selbst finanzierter Privatdruck für Freunde in einer Auflage von 200 Exemplaren.

31.08.1902: Max Reinhardt[1] schreibt erstmals an Schnitzler, um die-
5 sen für eine Zusammenarbeit an seinem neuen Theater zu gewinnen.

15.02.1903: Schnitzlers Freunde Hugo von Hofmannsthal und Richard Beer-Hofmann raten per Brief, der „lieb[e] Pornograph" möge sein „erectiefstes Werk" doch veröffentlichen.

10 **02.04.1903:** Da seinem Verleger Samuel Fischer aufgrund des „Schmutz- und Schundgesetzes" der Stoff zu brisant erscheint, lässt Schnitzler die Erstausgabe des *Reigen* bei Fritz Freund in Wien erscheinen. Wenig später nennt der Autor Felix Salten, ein Freund Schnitzlers, den *Reigen* dessen „frechstes Buch", ein Stück voll
15 „liebenswürdiger Grausamkeit": „Es ist ein Buch, das wie ein Scherz zu wirken vermag, das aber mit viel zu virtuoser Kunst, mit zu viel sinnreicher Komposition gearbeitet, das überhaupt zu sehr gearbeitet ist, um nichts weiter als ein Scherz zu sein." Alfred Kerr[2], der Schnitzler davon überzeugt hatte, den Titel des Textes von *Lie-*
20 *besreigen* in *Reigen* zu ändern, deutet das Werk als „kleines Dekameron[3] unserer Tage", voll von „komischer Kraft".

04.05.1903: Nach einem Monat sind bereits 4000 Exemplare des *Reigen* verkauft. Bis März 1904 werden es 20 000 sein.

---

[1] österreichischer Theaterregisseur, Intendant und Theatergründer (1873–1943)
[2] deutscher Schriftsteller, Literatur- und Theaterkritiker und Journalist (1867–1948)
[3] Novellensammlung des italienischen Dichters Giovanni Boccaccio (1313–1375)

Titelblatt und Inhaltsseite der ersten im Buchhandel erhältlichen
Ausgabe des „Reigen", 1903

15.06.1903: Der akademisch-dramatische Verein in München lässt
in den Kaimsälen die vierte, fünfte und sechste *Reigen*-Szene aufführen. Die Schauspieler treten unter fingierten Namen auf. Um
vor Polizei und Zensur geschützt zu sein, spielt man vor geschlos-
5 sener Gesellschaft, das heißt, die Eintrittskarten dokumentierten
eine eintägige Mitgliedschaft im Verein. Ein Zuschauer berichtet:
„Der Übergang zum ‚– – – triste' wurde durch sekundenlanges
gänzliches Verdunkeln betont. [...] Das Publikum war exquisiteste
Mischung, der Saal bis zum letzten Platz gefüllt. [...] Laut und end-
10 los schallte der Beifall."

01.11.1903: Eine von Hermann Bahr[1] geplante öffentliche Lesung
des *Reigen* wird polizeilich verboten.

März 1904: Der *Reigen* wird in Leipzig erstmals beschlagnahmt und
kann vorerst nicht mehr ausgeliefert werden.

---

[1] österreichischer Schriftsteller und Kulturtheoretiker (1863–1934); siehe
auch S. 166 und 168

Anzeige des Wiener Verlags im Börsenblatt für den deutschen Buchhandel, 29. Oktober 1903

19.01.1905: Verleger Freund und Schnitzler schließen einen neuen Vertrag für eine geänderte Ausgabe des *Reigen,* um weiterer drohenden Beschlagnahmungen zu entgehen.

31.01.1905: Auf Grundlage eines Urteils des Landgerichts I wird die
5 Originalversion auch in Berlin beschlagnahmt.

Oktober 1905: Das Berliner Gericht verfügt die „Unbrauchbarmachung" einer polnischen Übersetzung des Stücks.

24.02.1906: Auch die von Schnitzler und Freund geänderte Version des *Reigen* wird vom Landgericht I in Berlin konfisziert.

10 **September 1906:** Schnitzler zieht gegen Freund vor Gericht, um das fällige Honorar zu erhalten, das ihm dieser aufgrund finanzieller Schwierigkeiten seines Verlags nicht zahlen kann. Die Auseinandersetzung endet mit der Einigung auf eine Ratenzahlung Freunds an Schnitzler.

15 **1907:** Aufgrund der Insolvenz des Wiener Verlags erhält Schnitzler die Rechte am *Reigen* zurück. In den Folgejahren werden unterschiedliche Verlage den Text publizieren, darunter zunächst Singer in Berlin, später Benjamin Harz in Wien und schließlich S. Fischer in Berlin.

12.10.1912: Im Budapester Uj Szinpad feiert der *Reigen* in ungari-
20 scher Sprache unautorisiert Premiere. Bereits die zweite Aufführung wird untersagt.

Dezember 1918: Nachdem er eine Reihe von Angeboten, den *Reigen* aufzuführen, zuvor kategorisch abgelehnt hat, zeigt sich Schnitzler gegenüber dem Angebot Max Reinhardts, das Stück in
25 Berlin zu inszenieren, aufgeschlossen.

Sommer 1919: Max Reinhardt tritt von der Leitung der Berliner Bühnen zurück. Felix Hollaender übernimmt den Vertrag für den *Reigen.* „Hollaender ist freilich kein Reinhardt", äußert sich Schnitzler in einem Brief an Dora Michaelis enttäuscht über den Wechsel des
30 Regisseurs.

23.12.1920: Das Stück wird im Kleinen Schauspielhaus in Berlin uraufgeführt. Wenige Stunden vor der Premiere wird die Vorstellung vom preußischen Kultusministerium verboten, findet jedoch trotzdem statt. Schnitzler notiert später in sein Tagebuch: „Publicum demonstrirt für mich. Aufführung scheint recht mäßig gewe-
5 sen, insbesondere Ettlinger als Dichter versagte."

06.01.1921: Nachdem sich ein Richter selbst eine Vorstellung des Stücks angesehen hat, wird das Aufführungsverbot wieder aufgehoben.

10 **27.01.1921:** Vor der Premiere an den Wiener Kammerspielen erfolgt eine Probeaufführung zur endgültigen Zulassung des Stücks vor zehn Herren von der Zensurbehörde im Magistrat[1].

01.02.1921: Der *Reigen* feiert an den
15 Kammerspielen in Wien eine erfolgreiche Premiere.

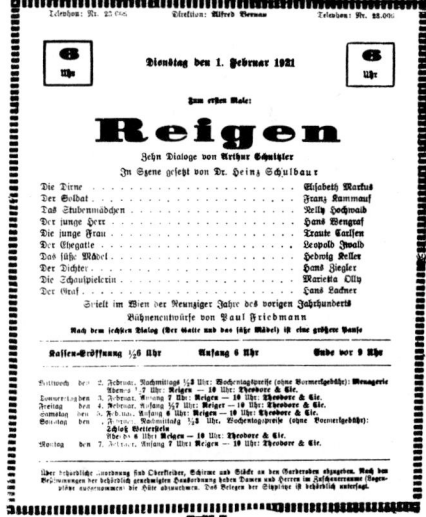

Veranstaltungsplakat der Kammerspiele des Deutschen Volkstheaters, Wien, 1921

---

[1] Stadtverwaltung

07.02.1921: Verschiedene Zeitungen beginnen eine Hetzkampagne gegen das Stück. Der spätere österreichische Bundeskanzler Ignaz Seipel spricht vom *Reigen* als einem „Schmutzstück aus der Feder eines jüdischen Autors".

5 **14.02.1921:** In Österreich kommt es zu vehementen antisemitisch motivierten Protesten gegen das Stück. In einer der zahlreichen polemischen Schriften heißt es: „Sollte das ‚Deutsche Volkstheater' weiterhin einer unvolkstümlich fremdrassigen Gesinnung und sattem Übermut Obdach und Vorschub gewähren, so sind die vie-
10 len Tausende von Mitgliedern umfassenden deutsch-arischen Vereinigungen, nationale wie christliche, entschlossen, aufgestachelt von allen mitverwirkten Nöten ihres Daseins auch ihrer Empörung über die Würdelosigkeit des Deutschen Volkstheaters öffentlich Ausdruck zu geben."

15 **16.02.1921:** In einem pogromartigen[1] Vorgehen wird eine *Reigen*-Aufführung in Wien gestürmt. Im Polizeibericht heißt es: „Ohne Störung wurden die beiden ersten Bilder aufgeführt. Im dritten Bilde machte sich einige Unruhe geltend. Im vierten Bilde wurde es noch unruhiger und plötzlich wurde eine Stinkbombe geworfen
20 [...]. Indessen wurden, um den üblen Geruch entweichen zu lassen, die Türen geöffnet. Zu dieser Zeit hatten sich die Demonstranten auf der Straße schon vor dem Theatereingang gesammelt, und plötzlich stürmten sie auf den befeuernden Ruf einer Frau in das Theater, überrannten den Kommissär Dr. Müller und die fünf Si-
25 cherheitswachleute und drangen in den Theatersaal. Sie warfen unter Pfuirufen und unter Lärm die Sessel aus den Logen ins Parterre, schleuderten mit Teer gefüllte Eier gegen die Besucher und gegen den eisernen Vorhang, der unterdessen herabgelassen worden war, und zwangen die Besucher des Hauses zur Flucht."
30 Schnitzler, der ursprünglich mit dem Regisseur Einzelheiten zu der Inszenierung besprechen wollte, ist bei dem Tumult zufällig zugegen und berichtet, wie unter anderem von den Bühnenarbeitern

---

[1] Pogrom: Ausschreitung gegen eine religiöse, nationale oder rassistische Minderheit

„Hydranten in Tätigkeit gesetzt [wurden], um die eindringenden Demonstranten von der Bühne zu verdrängen. Die Garderoben der Schauspielerinnen waren völlig unter Wasser, ebenso wie die Bühne. [...] Weder den Schauspielern noch mir ist irgend etwas
5 geschehen, aber ich kann kaum genügend scharfe Worte finden, um das Vorgehen der Eindringlinge zu geißeln."

Karikatur „Das Verbot der ,Reigen'-Aufführung. Aus Rücksichten der öffentlichen Ruhe und Ordnung". In: Illustriertes Wiener Extrablatt, 18. Februar 1921

22.02.1921: Animiert von den Wiener Krawallen kommt es auch in Berlin zu Tumulten. Einem Augenzeugen zufolge werden unter „Schweinerei"-Rufen Stinkbomben vom Rang auf die Bühne und in
10 den Zuschauerraum geworfen. Als Urheber der Krawalle wird der „Deutschvölkische Schutz- und Trutzbund" vermutet, der später auch in die Morde an Matthias Erzberger[1] und Walther Rathenau[2] verwickelt ist.

September 1921: In Berlin kommt es zu einem erneuten Prozess
15 um den *Reigen*. Dieses Mal beschuldigt die Staatsanwaltschaft die Theater-Direktion des Kleinen Schauspielhauses unter anderem,

---

[1] Publizist und Politiker im Deutschen Kaiserreich und in der Weimarer Republik, wurde von rechtsnationalen Attentätern ermordet (1875 – 1921)
[2] Reichsaußenminister der Weimarer Republik, wurde Opfer eines politisch gesinnten Attentats (1867 – 1922)

die Schauspieler „durch Gewährung von Vorteilen, Missbrauch der Gewalt oder anderer Mittel" zu unzüchtigen Handlungen „vorsätzlich bestimmt zu haben." Auch sei die Musik anstößig und gebe im Rhythmus die Beischlafbewegungen wieder. In der Verhandlung
5 erweisen sich die zahlreichen von der Staatsanwaltschaft angeführten Zeugen als unzuverlässig, viele haben den *Reigen* nicht einmal gesehen. Der Prozess endet am 21. November mit dem Freispruch der Angeklagten.

1922: Angesichts des zunehmenden antisemitischen Hasses, den
10 das Stück auf sich zieht, untersagt Schnitzler alle weiteren Aufführungen.

21.10.1931: Schnitzler stirbt 69-jährig an einer Hirnblutung.
[...]

Aus: Ortrud Gutjahr (Hg.): Reigen von Arthur Schnitzler. Sexuelle Szene und Verfehlung in Michael Thalheimers Inszenierung am Thalia Theater Hamburg. Würzburg: Königshausen & Neumann 2009, S. 25–33

Max Reinhardt: Brief an Arthur Schnitzler (19. April 1919)

Sehr geehrter Herr Doktor,
ich schätze Sie im Besitze meines telegraphischen Dankes für Ihre freundlichen Zeilen und meines prinzipiellen
5 Einverständnisses für die Aufführung von *Reigen*.
In Beantwortung Ihrer einzelnen Anfragen möchte ich Ihnen Folgendes mitteilen:
10 1. Ich halte die Aufführung Ihres Werkes künstlerisch nicht nur für opportun[1], sondern für unbedingt wünschenswert. Dabei ist allerdings Voraussetzung, dass bei den Gefahren,

Max Reinhardt

---
[1] angebracht

die in der Gegenständlichkeit des Stoffes liegen, das Werk nicht in unkünstlerische und undelikate[1] Hände kommet, die es der Sensationslust eines allzu bereiten Publikums ausliefern könnten. Ich nehme aber bestimmt an, dass sich die Bedenken, die sich bei der
5 Verkörperung jener durch waagrechte Striche angedeuteten Situationen ergeben können, durch eine völlig sensationsfreie, rein künstlerische und diskrete Inszenierung überwinden lassen.

2. Hinsichtlich des Aufführungstermins Ihres Werkes scheint mir das richtige Gefühl für eine urteilsfähige Aufnahmefähigkeit des
10 Publikums und der Presse besonders wichtig, da in beiden die Elemente, die durch langjährige Gewöhnung an Zensur anerzogen sind, mit ihrer Aufhebung keineswegs verschwunden, wie mich die Erfahrung dieser Saison gelehrt hat, sondern nach wie vor noch sehr wirksam sind. Bei meinem ausdrücklichen Wunsche, Ihr Werk
15 frühzeitig zu bringen, möchte ich Sie daher doch bitten, mich nicht zeitlich zu binden, sondern mir das Vertrauen zur Festsetzung des geeigneten Aufführungstermins schenken zu wollen.

3. Bei dem zu vermutenden starken Interesse des Publikums ist die Wahrscheinlichkeit, die Szenen-Reihe en suite[2] zu spielen, sehr
20 groß, doch lässt sich heute, wie Sie ja selbst andeuten, in dieser Richtung vor der Aufführung und der Aufnahme bei Presse und Publikum eine Zusicherung nicht geben.

4. Mit den Bedingungen 10 % Tantieme[3] und 10 000 M. Tantiemen-Garantie bin ich einverstanden.

25 5. Wie Sie meinen vorhergehenden Worten schon entnommen haben, halte ich die Inszenierung Ihres Werkes für eine außerordentlich reizvolle Regieaufgabe, die nicht nur volle Beherrschung der künstlerischen und technischen Mittel, sondern vor allem starken Takt erfordert. Ich habe daher den lebhaftesten Wunsch, diese Auf-
30 gabe selbst zu lösen. Ich bin aber durch die Eröffnung des „Großen Schauspielhauses" (Circus) am 1.9.19 neben den allgemeinen Vorbereitungsarbeiten so stark mit großen Regieaufgaben belastet, dass ich Ihnen heute eine solche Zusicherung nicht geben kann. Je

---

[1]   nicht behutsame, nicht diskrete
[2]   ununterbrochen
[3]   gezahlte Vergütung für die Aufführung

weniger Sie mich aber zeitlich festlegen, je mehr wächst für mich die Möglichkeit unserer beider Wünsche nach meiner Regie zu erfüllen. Sie dürfen jedoch in jedem Falle versichert sein, dass ich aus den schon wiederholten Gründen mein volles künstlerisches Inter-
5 esse Ihrem Werke widmen werde und unbedingt dafür Sorge trage, dass es auf dem höchsten künstlerischen Niveau herauskommt.
Ich hoffe sehr, verehrter Herr Doktor, dass Sie meinen Ausführungen zustimmen.
In betreff der *Schwestern*[1] erwarte ich Ihre gefälligen Vorschläge.
10 Bei der Unsicherheit der Reiseverhältnisse kann ich leider heute noch nicht sagen, ob ich die Freude haben werde, Sie in diesem Sommer in Wien zu sehen. Ich werde jedenfalls nicht verfehlen, Ihnen zutreffendenfalls rechtzeitig Nachricht zu geben.
Mit herzlichen Grüßen, Ihr sehr ergebener

[Max Reinhardt]

Aus: Der Briefwechsel Arthur Schnitzlers mit Max Reinhardt und dessen Mitarbeitern. Hrsg. von Renate Wagner. Salzburg: D. Müller 1971, S. 83 f.
Binghamton University Libraries' Special Collections and University Archives
Binghamton University

Robert Forster-Larrinaga (Graf) und Blache Dergan (Schauspielerin) in der „Reigen"-Aufführung im Kleinen Schauspielhaus Berlin, 1920

---

[1] „Die Schwestern oder Casanova in Spa". Theaterstück Schnitzlers von 1919

Erich Schlaikjer: Ein munterer Reigen. Anmerkungen zu den Berliner Tumulten

Am verflossenen Dienstag haben sich bei der Aufführung des Schnitzlerschen *Reigens* in Berlin die lärmenden Auftritte wiederholt, die in München, Wien, Hamburg bereits stattgefunden hatten und eine kurze Betrachtung von uns fordern. Wenn wir den bis
5 jetzt vorliegenden Bericht als wahr unterstellen, haben die Demonstranten unter anderem mit Stinkbomben geworfen und haben damit ohne Zweifel die Grenze der rechtmäßigen, überlieferten Theateropposition überschritten, so dass sie formal im Unrecht sind. In dem Augenblick, in dem diese Zeilen geschrieben werden,
10 wissen wir noch nicht, wie die publizistischen Parteigänger des *Reigens* sich zu dem Vorfall stellen werden, und können es auch nicht vermuten, da sie ewig in der Lüge leben und also immer irgendeine überraschende Hinterhältigkeit ersinnen können. Sollten sie sich aber auf das formale Recht berufen wollen, was ihrer tal-
15 mudistischen[1] Natur besonders naheliegt, ist ihnen zu sagen, dass der *Reigen* durch einen Bruch des formalen Rechts auf die Bühne kam. Der außerordentlich begründete privatrechtliche Einspruch des Kultusministeriums führte zu einer einstweiligen Verfügung des Gerichts, die bei Androhung einer Haftstrafe die Aufführung
20 verbot, und diese rechtliche Verfügung warfen sie dem Gericht und uns anderen zerbrochen vor die Füße, um das Geburtsfest des Nazareners[2] in ihrer satanischen Weise schänden zu können. Wollen sie aber wehmütige Betrachtungen darüber anstellen, dass die überlieferten Theatersitten verletzt seien, müssen sie daran erin-
25 nert werden, dass ein Schauspieler im Staatlichen Schauspielhaus unter ihrer ausdrücklichen Billigung harmlose Demonstranten, die völlig innerhalb des Rechtes blieben, unter Aufhebung aller Theaterüberlieferung durch Unterstellung ehrloser Motive beleidigte. Sie müssen daran erinnert werden, dass sie an zahlreichen Orten
30 und in zahlreichen Fällen die völlig rechtmäßige Opposition durch

---

[1] buchstabengläubig; hier aber auch antisemitische Anspielung auf den Talmud, die Gesetzessammlung des Judentums nach der Babylonischen Gefangenschaft
[2] Jesus von Nazareth

polizeiliche Gewalt erstickt haben, dass im Berliner Theater unter
gerührter Zustimmung der Direktion die beifallslustigen Schieber
die Schauspieler mit Schokolade, Konfekt, Delikatessen, ja mit
Banknoten bewerfen, dass unter ihren Lobeshymnen eine sogenannte Schauspielerin nackt auf die Bühne kam, so dass die überlieferten Theatersitten auf den Brettern wie im Zuschauerraum

Karikatur „Der gesprengte ‚Reigen'". In: Die Muskete. Wien,
3. März 1921

zunächst von ihnen aufgehoben und in der hässlichsten Weise
herabgewürdigt wurden. Was die Demonstranten getan haben, ist
unter den Gesichtspunkten des formalen Rechts nicht zu billigen,
es widerfährt ihnen aber nichts, was sie nicht selber anderen ange-
5 tan hätten, und der sachliche Unterschied ist lediglich, dass die
Demonstranten die öffentliche Zucht wiederherstellen wollten,
während sie die öffentliche Unzucht erstrebt und erreicht haben.
Die tiefe Erbitterung über die entsetzlichen Zustände, die die gali-
zischen Kulturträger in der deutschen Hauptstadt geschaffen ha-
10 ben, ist längst nicht mehr auf die bürgerlichen Kreise beschränkt.
Erst kürzlich hat der sozialdemokratische Verband der Heimarbei-
terinnen in organisierter Form ausgesprochen, dass die Aufführung des *Reigens* eine Prostituierung der Frau, eine unerhörte Dreis-
tigkeit gegen Anstand und gute Sitte, eine Schmach und Schande
15 unserer Tage darstellte, und dass der Staatsanwalt eingreifen müsse. Die überall vorhandene Erbitterung muss sich notwendig um
so tiefer in die Seelen hineinfressen, als der Laienverstand die
Rechtmäßigkeit dieser öffentlichen Aufführung durchaus nicht ein-
zusehen vermag. Wir stehen vor dem sonderbaren Tatbestand,
20 dass die Buchausgabe des *Reigens* durch rechtskräftiges Urteil als
unzüchtig bezeichnet und bei den Buchhändlern beschlagnahmt
worden ist, während sie gleichwohl in einem in jeder Beziehung
öffentlichen Haus allabendlich gespielt wird. Im Publikum begreift
man diesen Zustand einfach nicht, hält die Aufführung für unrecht-
25 mäßig, glaubt an eine Verhöhnung der Gesetze und greift zur
Selbsthilfe, weil niemand anders helfen will. Der juristische For-
melkram liegt nun aber so, dass die Buchausgabe auf Grund eines
Paragraphen verboten ist, während für die öffentliche Aufführung
ein anderer in Frage kommt, der zur Voraussetzung hat, dass an
30 der Aufführung Ärgernis genommen worden ist. Der Staatsanwalt
kann also nicht einschreiten, wenn sich nicht Leute bei ihm mel-
den, die an der Schmutzerei Ärgernis genommen haben und ihn
zum Einschreiten auffordern. Wer also nicht will, dass selbst Männer und Frauen, die sich nichts haben zuschulden kommen lassen
35 als völlig erlaubte, entrüstete Zwischenrufe, von Kriminalbeamten
ins Polizeigefängnis geschleppt werden und dort die Nacht verbringen müssen; wer nicht will, dass Menschen sich polizeilich

müssen feststellen lassen, lediglich weil sie sich vor dem Theater gegen ein hündisches Stück ausgesprochen haben, der gebe sofort auf seinem Polizeibüro die schriftliche Erklärung ab, dass er an der Aufführung Ärgernis genommen habe und das Einschreiten des
5 Staatsanwalts verlange. Kann man die Erklärung dort nicht entgegennehmen, lasse er sich die Adresse des zuständigen Staatsanwalts nennen und setze sich unmittelbar mit ihm in Verbindung. Tut er das nicht, werden wir den gegenwärtigen Zustand voraussichtlich behalten. Der gegenwärtige Zustand aber läuft darauf hin-
10 aus, dass die ruchlose Verhöhnung des Nazareners allabendlich wiederholt wird, während die Kriminalpolizei dafür sorgt, dass etwa rebellierende Zuschauer stumm gemacht werden.
Wer das Theaterleben unter rein ästhetischen Gesichtspunkten ansieht, muss notwendig bedauern, dass die unerhörte Schamlosig-
15 keit der undeutschen Elemente uns in tumultuarische[1] Vorgänge hineingebracht hat, wer die Dinge aber als einen Teil der historischen Entwicklung auffasst, braucht nicht niedergeschlagen zu sein. Ich habe bereits früher an dieser Stelle die Ansicht vertreten, dass es nur besser werden kann, indem es zunächst schlechter
20 wird. Die Erdrosselung des deutschchristlichen Empfindens muss so offenkundig betrieben werden, dass die Pflastersteine schreien, wenn die Menschen es nicht tun wollen. Das geile Wucherkapital muss jede Scham so unerhört fallen lassen, dass selbst die stumpfsinnigsten germanischen Naturen von einem Schauder ergriffen
25 werden. Die Sklavenpeitsche muss so erbarmungslos auf den Rücken herabsausen, dass jeder Blutstropfen zur Auflehnung entflammt wird. Es ist geschichtsphilosophisch ein überaus tiefes Wort, dass das Ärgernis in die Welt kommen müsse, während das Wehe auf die herabgerufen wird, durch die es kommt. Wer eine
30 Nacht im Gefängnis verbracht hat, weil die Christenschänder gegenwärtig den polizeilichen Schutz genießen, wer den Abtransport der Rebellen sah, während die Unzucht triumphierte, wer auf dem Lastauto nicht nur gefangene deutsche Männer, sondern auch Frauen bemerkte; der ist kuriert, der ist über den wahren Zustand
35 unserer Freiheit gründlich unterrichtet und auf den werden wir uns

---

[1] lärmende, unruhige, wilde

verlassen können, wenn die Stunde der Vergeltung schlägt. Immer munter, meine Herrschaften im ‚Berliner Tageblatt'! Wenn ihr nur euren Reigen so weitertanzen lasst, brauchen wir uns um unsere Gesundheit nicht zu grämen. Immer munter, es wäre schade, wenn der fröhliche Weihnachtsspaß vorschnell zu Ende ginge! Immer munter, das Blocksbergsfest kann gar nicht oft genug begangen werden, und wir an unserm Teil wollen gern dafür aufkommen, dass ihr zu eurem Vergnügen auch immer eine rechtschaffene Musik habt!

Aus: Tägliche Rundschau (Berlin), 25. Februar 1921. Zitiert nach: Alfred Pfoser u. a. (Hg.): Schnitzlers „Reigen". Band 2. Die Prozesse. Frankfurt a.M.: Fischer Taschenbuch Verlag 1993, S. 155–158

Karikatur „Zum Sechziger des ‚Reigen'-Dichters". Zeichnung von Theo Zasche. In: Wiener Stimmen, 17. Mai 1922

Zeugenvernehmung im zweiten „Reigen"-Prozess

Vorsitzender: Den Angeklagten wird zur Last gelegt, durch unzüchtige Handlungen öffentlich ein Ärgernis gegeben zu haben. Unzüchtig müssen die Handlungen gewesen sein. Worin sahen Sie die Unzüchtigkeit?

Zeugin: Diese unzüchtigen Handlungen gemeinster Art sind in jeder Szene gegeben worden, und zwar, nachdem sich die sogenannten – ich weiß nicht, wie ich sie bezeichnen soll –, die sogenannten Liebesleute –

Vorsitzender: Sagen Sie: die handelnden Personen.

Zeugin: Die sich gewissermaßen zu dem Unzuchtakt gefunden hatten, da wurde der Vorhang heruntergelassen.

Vorsitzender: Es sind auch Leute darunter, die miteinander verheiratet sind, ein Ehepaar.

Zeugin: Das Ehepaar, ja natürlich. Ob da auch der Vorhang heruntergegangen ist, weiß ich nicht.

Vorsitzender: Wollen Sie uns im Zusammenhang Ihre Eindrücke erzählen?

Zeugin: Hauptsächlich konzentrierte sich mein ganzes Empfinden und meine Gedanken darauf, zu beobachten, in welcher Weise das Familienleben, das Eheleben, unser religiöses Leben, unsere christliche Religion, der Stand des Offiziers, schließlich auch der Stand der Schauspieler so restlos durch diese Akte der Unzucht in den Schmutz gezogen sind. Da sagte ich mir: Ja, was ist denn das eigentlich hier? Soll das als Kunstwerk angesprochen werden? Wenn ja, so kann ich nicht glauben, dass man das als deutsche Kunst ansprechen wird, es muss etwas anderes sein, und zwar das, womit man das ganze deutsche Volk nach der Revolution und namentlich unsere Jugend mit aller Macht demoralisiert. Aus dem Grund habe ich meine beiden Söhne mitgenommen; denn sie sind erwachsen genug.

Vorsitzender: Das interessiert hier weiter nicht, sondern woran Sie Ärgernis genommen haben.

Zeugin: An diesen unzüchtigen Handlungen, die auf offener Bühne vor sich gingen, wenngleich der Vorhang einige Sekunden oder, wie am 22. Februar, mindestens eine Viertelminute heruntergelassen wurde.

Vorsitzender: Sehen Sie die unzüchtige Handlung darin, dass der Vorhang herunterging und hinter dem Vorhang irgendetwas geschehen sein soll, oder in dem, was vorher und nachher vor sich ging?

Zeugin: Nach meinem Empfinden habe ich an allem Anstoß genommen, was auf der Bühne vor sich ging, im Besonderen an diesem Unzuchtakt selbst.

Vorsitzender: Der Akt selbst ist nicht vorgeführt.

Zeugin: Er wurde aber nachher ausgesprochen; wenn der Offizier sagte: „Ja, es wäre halt besser, wenn ich sie nur auf die Augen geküsst hätte"; und der junge Mann sagte: „So, nun habe ich ein Verhältnis mit einer anständigen Frau!" Also sie haben klipp und klar zugegeben, dass dieser Unzuchtakt vollzogen worden ist. Daran habe ich auch Anstoß genommen. Dann erinnere ich mich ziemlich genau, oder ich möchte sagen, ganz genau, dass, nachdem der Ehemann und die Ehefrau sich gegenseitig betrogen hatten und wieder zusammengekommen waren, sie sich beide gegenseitig bei Gott dem Allmächtigen geschworen haben, dass sie sich niemals untreu werden wollen und auch niemals gewesen sind.

Aus: Wolfgang Heine (Hg.): Der Kampf um den „Reigen". Vollständiger Bericht über die sechstägige Verhandlung gegen Direktion und Darsteller des Kleinen Schauspielhauses Berlin. Berlin 1922, S. 92–93. Zitiert nach: Alfred Pfoser u. a. (Hg.): Schnitzlers „Reigen". Band 2. Die Prozesse. Frankfurt a.M.: Fischer Taschenbuch Verlag 1993, S. 204–206

Maximilian Sladek und Gertrud Eysoldt als Angeklagte im zweiten „Reigen"-Prozess. Zeichnung von Emil Orlik

Ausführungen des Staatsanwalts im zweiten „Reigen"-Prozess

Dasjenige, was den Beschauer packt, ist die Wiederholung des Beischlafs, und das ist es, was den Beschauer abstößt. Wir haben auch Zeugen gehört, die keinen Anstoß genommen haben. Es ist das ohne weiteres erklärlich. Es ist selbstverständlich, dass es auch Dinge gibt, an denen der eine Anstoß nimmt, der andere nicht, dass es immer Menschen geben wird, die an dem, was der Allgemeinheit widerstrebt, keinen Anstoß nehmen. Aber es ist die Frage: Widerstrebt das, was hier vorgeführt worden ist, der Allgemeinheit oder widerstrebt es nur einzelnen ganz besonders zimperlich veranlagten Menschen? Ich glaube doch zu der Auffassung kommen zu müssen, dass eine Aufführung solcher Dinge der Allgemeinheit widerstrebt. Es ist hier etwas ganz anderes, als es schon verschiedentlich hervorgehoben worden ist, als wenn eine Beischlafsvollziehung in einem anderen künstlerischen Werke, wie ‚Romeo und Julia‘ und vielen anderen, in Frage kommt. Das sind aber Dinge, die in der Entwicklung des Schauspiels an sich liegen, bei denen aber die Vollziehung des Beischlafs doch nicht der Gedanke des Stückes ist, und das ist doch hier der Fall. Hier handelt es sich doch bloß um die Darstellung: So verhalten sich die Menschen, wenn sie dieses rein animalische, tierische Bedürfnis befriedigen, und wenn sie auch nichts weiter wollen, als in dem gegebenen Moment ein rein animalisches Bedürfnis befrieden; denn von irgendwelchen innerlichen Motiven, von irgendwelcher seelischen Liebe der handelnden Personen ist bei keiner von allen diesen die Rede. Ich verweise auf die Szene „Graf und Schauspielerin", wo der Graf einmal eine solche Idee hineinwirft, indem er sagt: „Es ist nach meiner Anschauung ganz falsch, wenn man die Seele davon trennen will", und das weist die Schauspielerin ohne weiteres von sich ab, und sie sagt zum Schluss, als sie ein neues Zusammentreffen mit ihm vereinbart: „Mit der Seele werden wir schon fertig werden, du Schurke." So ist es ausgesprochen, und die ganze Entwicklung spricht dafür, dass dieser Gesichtspunkt wohl einmal hineingeworfen worden ist, dass er aber eigentlich die betreffenden Personen nicht zueinanderführt und bei ihnen nicht in Frage kommt, wie auch der Graf schließlich sagt: „Für einen Anstandsbesuch war es reichlich lang." Das pflegt man nicht zu sagen gegenüber einem, den man wirklich innerlich liebt. Wenn die Liebe zu einer solchen Sache führt, ist es etwas ganz anderes als die Szene hier. Und auch in den übrigen Szenen ist es so. Wo in diesen Szenen der eine Teil den andern fragt: „Liebst Du mich auch wirklich?", so lautet in drei Szenen mit einer merkwürdig eindringlichen Wiederholung jedesmal die Antwort gleich. Der Soldat sagt: „Das wirst du wohl gespürt haben." Das ist also der Hinweis auf

den Geschlechtsakt, nichts anderes. In der Szene „Junge Frau
und junger Mann", antwortet
die Frau auf seine Frage, ob sie
5 ihn auch wirklich liebe: „Verlangst Du noch mehr Beweise?" Ähnlich ist es in der Szene
zwischen Schauspielerin und
Dichter, auch hier auf die Frage:
10 „Liebst Du mich auch wirklich?" dieselbe Antwort. Man
sieht also deutlich, es kommt
lediglich auf das rein Tierisch-
Animalische hinaus.

Staatsanwalt von Bradtke

15 Wenn der Dichter damit das Ziel verfolgt haben mag, abschre-
ckend zu wirken, darauf hinzuweisen, wie niedrig, wie schal etwas
Derartiges ist, so ist das eine Auffassung, zu der man nur auf
Grund von Gedankenarbeit kommt, die sich aber nicht bei der blo-
ßen Betrachtung des Schauspiels bietet, ohne dass man diese Be-
20 trachtung weiter in Gedanken umsetzt und verarbeitet, und das
kann man von dem Publikum, das sich ein solches Stück ansieht,
nicht erwarten und wird auch nirgends beim Publikum vorauszu-
setzen sein.
Deshalb ist nach meiner Auffassung die Aufführung des Stückes
25 unzüchtig.
[...]
Es wäre nun die Frage: Stellt die Vorführung solcher unzüchtigen
Dinge selbst die Vornahme einer unzüchtigen Handlung dar? Be-
straft wird ja nur die Vornahme einer unzüchtigen Handlung. Es ist
30 wiederholt hier nach meinem Empfinden deshalb die Frage erör-
tert worden, ob denn die Schauspieler, die diese Aufführung be-
wirkt haben, auch unzüchtige Handlungen vorgenommen haben,
Handlungen indezenter Art, die sich als unzüchtig erweisen. Meines Erachtens muss diese Frage von einem ganz anderen Ge-
35 sichtspunkte aus beurteilt werden. An der Aufführung eines Stückes ist ein jeder Teilnehmer der Handlung beteiligt. Jeder Schauspieler, der die Worte, die zu dieser Aufführung gehören, der die

Gesten, die Bewegungen macht, die notwendig sind, um dieses
Stück überhaupt auf der Bühne darzustellen, nimmt teil an der
Vornahme der Handlung, die eben in der Vornahme der Aufführung des Stückes besteht. Man kann nicht differenzieren und sa-
5 gen: Der eine Schauspieler hat Dinge gesprochen, die nicht Anstoß
erregen. Man kann nur sagen: Die gesamte Mitwirkung der Schauspieler ist nötig, um dieses Stück darzustellen, sie alle sind verant-
wortlich in der Gesamtheit. Ist die Aufführung als Ganzes unzüchtig, so kommt es nicht darauf an, ob ein Schauspieler noch speziell
10 eine Handlung, die als unzüchtig anzusehen ist, vorgenommen
hat. Solche Szenen sind vorgekommen. Ich will aber durchaus
nicht sagen, dass die Schauspieler sich irgendwie über den Rahmen des Gebotenen hinaus vergangen haben. Wollte man dieses
Stück auf der Bühne nicht nur sprechen, sondern aufführen durch
15 Personen, die doch immerhin lebende Wesen darstellen und ver-
körpern auf der Bühne und sich bewegen müssen, so müssen auch
die Schauspieler notwendigerweise diejenigen Bewegungen und
Handlungen machen, die zur Aufführung gehören, um sie verständlich zu machen. Dazu gehört m. E. denn auch, was wiederholt
20 gerügt worden ist, das Zurechtmachen der Kleidungsstücke, wo
der Beischlaf nicht, wie im Bett, sondern im Freien draußen, in
unbequemer Lage oder, wie in der dritten Szene, auf dem Diwan[1]
im Zimmer des „Jungen Mannes" vorgeführt wird. Dass dann,
wenn in solcher Stellung der Beischlaf vollzogen ist, derjenige, der
25 ihn vollzogen hat, seine Kleidung in Ordnung bringen muss, ist
notwendig und erforderlich. Die Darsteller müssen das tun, denn
sie bringen sonst ja gar nicht zum Bewusstsein dasjenige, was die
Dichtung bezweckt, nämlich das Klarmachen, dass in diesem Augenblick der Beischlaf vollzogen worden ist. Wir wollen uns doch
30 nichts vormachen. Dadurch, dass der Vorhang an dieser Stelle
fällt, ist doch die Tatsache nicht ausgeschaltet, dass das Stück un-
verständlich wäre, wenn nicht in diesem Zusammenhange der Beischlaf vorgenommen sein muss. Sonst wäre alles Spätere und Vor-
herige unsinnig. Das muss sein. Wenn dann die Schauspieler sich
35 in dieser Szene entsprechend benehmen, so geschieht dies durch-

---

[1] Liegesofa

aus im Rahmen ihrer Rolle. Sie müssen das nun. Das ist kein besonderer Vorwurf, der hier die Schauspieler trifft. Der Vorwurf trifft eben die Aufführung des Stückes an sich. Führt man ein solches Stück auf, so muss man das in Kauf nehmen. Selbstverständlich:
5 das Stück hätte noch viel anstößiger aufgeführt werden können. Es hätte auch so gemacht werden können, dass der Vorhang nicht niedergeht, sondern auch die Beischlafszene selbst markiert, angedeutet wird. Das ist doch ohne weiteres möglich, wo der Dichter die Gedankenstriche setzte, hätte der Darsteller oder der Inszena-
10 tor das auch so inszenieren können *(Stille Heiterkeit)*, dass tatsächlich der Anschein erweckt wurde, als würde der Beischlaf 15 vollzogen. Lässt man das Werk zu und sagt: Weil es nicht unzüchtig ist, darf es auch aufgeführt werden in irgendeiner Form, 20 dann geht es auch so. Das Werk widerstrebt dem nicht! Wird das aber so aufgeführt, dann, wäre – dem hat kein Sach-25 verständiger widersprochen – eine solche Aufführung unzüchtig.

Gertrud Eysoldt

Aus: Wolfgang Heine (Hg.): Der Kampf um den „Reigen". Vollständiger Bericht über die sechstägige Verhandlung gegen Direktion und Darsteller des Kleinen Schauspielhauses Berlin. Berlin 1922, S. 361–364. Zitiert nach: Alfred Pfoser u. a. (Hg.): Schnitzlers „Reigen". Band 2. Die Prozesse. Frankfurt a.M.: Fischer Taschenbuch Verlag 1993, S. 239–243

Ausführungen eines der Verteidiger im zweiten „Reigen"-Prozess

Dagegen kann nicht sprechen, dass die Wirkung auf erwachsene Menschen überhaupt beeinflusst wird, wenn nun, wie es heißt, „im

Mittelpunkt jeder Szene lediglich der Beischlaf" steht. Es sind Worte des Herrn Staatsanwalts, die ich da zitiert habe. Und das zeigt
die gänzlich unjuristische Einstellung auf diese Dinge! Ich sage: es
ist gar nicht wahr, Schnitzler schildert gar nicht die Vereinigung. –
5 Daran ist auch nichts zu schildern! *(Heiterkeit)*. Sondern Schnitzler
schildert, wie sich zwei Menschen so einander nähern, bis sie an
die Szene, die Stelle kommen, die notwendigerweise in der Entwickelung der Dinge zum Beischlaf führt. Und dann schildert er
eine Szene, in welcher Menschen, die miteinander die Vereinigung
10 gepflogen haben, sich aus diesem oder jenem Grunde wieder voneinander abwenden. Es zeige mir jemand, wo das steht, dass hier
auf der Bühne der Beischlaf in irgendeiner Form vorgeführt oder
sonstwie dargestellt ist! Das ist einfach nicht wahr! Wollen wir
nicht endlich die Augen aufmachen?! Wir tanzen im Kreise herum
15 und reden von einer Angelegenheit, die nicht deutlich genug gesagt werden kann. Wo ist denn hier der Beischlaf auf der Bühne?!
Er ist in die Phantasie des Beschauers gelegt! Ja, wenn alles gesprochen werden müsste, wenn die nachschaffende Phantasie des
Lesers überhaupt ein Unding wäre – dann würden die dichteri
20 schen Erzeugnisse ganz anders aussehen müssen! Wenn nichts
mehr zwischen den Zeilen stehen dürfte! Wenn der Dichter alles
aussprechen müsste, was ihn bewegt! Dann gäbe es keine dichterischen Probleme! Dann macht man den Dichter zum Handwerker,
wenn man ihn zwingt, zu jemand zu sprechen, wo er kein Echo
25 findet! Der Dichter muss ein Echo haben! Und das hat er bei denen, die sich ihm willig hingeben!
Damit komme ich auf den Punkt, wo das Ärgernis liegt, zurück.
Es ist ein Grundirrtum, wenn vom Staatsanwalt oder sonstwie behauptet wird, dass der Beischlaf der Mittelpunkt von Schnitzlers
30 *Reigen* sei! Er steht im Mittelpunkt der Phantasie des Staatsanwalts
(Heiterkeit), im Mittelpunkt der Phantasie derer, die sich ärgern!
Der Dichter denkt nicht daran; er will zeigen, wie der Mensch dazu
kommt, und wie die Menschen nachher sind. Viel zu rein, viel zu
hoch ist Schnitzler, als dass es ihm darauf ankäme, den Beischlaf
darzustellen!
Es wird so getan, als gehen da Dinge vor sich – wenn man den
Herren glaubt, so müsste man den Eindruck haben: man braucht

bloß die Vorhänge zurückzuziehen – und man sieht die beiden Darsteller im Bett! Wenn ich die Tonart der Staatsanwaltschaft und der Zeugen höre, frage ich mich: Haben denn die Leute das Stück gesehen?! Es soll doch nur der Reflex gezeigt werden auf diejeni-
5 gen, die sich dem Genuss des Augenblicks hingeben.

[...]

Im übrigen aber will ich sagen, dass der rege Besuch von einem gewissen Teile des Publikums verschuldet worden ist. Hier liegt ein Exemplar – es sei nur nebenbei erwähnt – der ‚Lebensregeln des
10 Deutschvölkischen Schutz- und Trutzbundes' vor, und in diesen ‚Lebensregeln...' steht unter vielen anderen, merkwürdigen Dingen:

„Gehe nicht ins Theater, wenn ein jüdisches Stück aufgeführt wird. Lies keine jüdischen Romane!"

Aus: Wolfgang Heine (Hg.): Der Kampf um den „Reigen". Vollständiger Bericht über die sechstägige Verhandlung gegen Direktion und Darsteller des Kleinen Schauspielhauses Berlin. Berlin 1922, S. 411–412. Zitiert nach: Alfred Pfoser u. a. (Hg.): Schnitzlers „Reigen". Band 2. Die Prozesse. Frankfurt a.M.: Fischer Taschenbuch Verlag 1993, S. 245–247

Das Urteil im zweiten „Reigen"-Prozess

[...] Es fragt sich nun für das Gericht, ob eine Theatervorstellung als Ganzes als unzüchtige Handlung betrachtet werden kann. Insoweit es sich um unzüchtige Schriften handelt, bestehen ja in der Rechtsprechung keine Zweifel hinsichtlich der rechtlichen Beurtei-
5 lung. Anders könnte es sein bei einer Aufführung.

Es ist an sich nicht unbedenklich, ob die Angeklagten schon zur Strafe gezogen werden könnten wegen ihrer T e i l n a h m e an der Aufführung – etwa mit der Begründung, dass in dem Stück die Beischlafsvollziehung in mehrmaliger Wiederholung angedeutet
10 wird, und die Handlung auf diese Akte hinzielt.

Das Gesetz kennt an sich den Begriff einer unzüchtigen Theateraufführung nicht. Es müssen deshalb den Darstellern i n n e r - h a l b   d e r   V o r s t e l l u n g e n Handlungen nachgewiesen werden, die geeignet wären, das Scham- und Sittlichkeitsgefühl eines
15 normalen Menschen in geschlechtlicher Beziehung zu verletzen.

Bei einer Aufführung können nun unter Umständen nicht a l l e
Mitwirkenden wegen der Unzüchtigkeit der Darstellung des Ganzen zur Strafe gezogen werden. Es ist denkbar, dass Mitwirkende
bei einzelnen Bildern ganz ausscheiden, die unbedenklich nicht
5 unzüchtig sind. Diese haben dann sicherlich k e i n e unzüchtige
Handlung begangen.

Das Gericht hatte deshalb zu prüfen, ob den Angeklagten im Einzelnen nachgewiesen werden konnte, worin die gerade ihnen zur
Last zu legende Unzüchtigkeit der Handlung begangen sein soll.
10 Zweifellos können solche Unzüchtigkeiten bei der Darstellung erfolgen. Aber aus der Mitwirkung an dem Stücke a n   s i c h kann sie
nicht ohne weiteres gefolgert werden.

Um gleich vorwegzunehmen: Die Musik scheidet bei dieser Beur-
teilung aus. An der Musik und ihrer Aufführung sind die Darsteller
15 als solche überhaupt nicht beteiligt.

Das Stück verfolgt nun, wie das Gericht aus der Beweisaufnahme
feststellt, einen s i t t l i c h e n   G e d a n k e n. Der Dichter will
darauf hinweisen, wie schal und falsch das Liebesleben sich ab-
spielt. Er hat nach der Überzeugung des Gerichts bei Abfassung
20 seines Werkes nicht die Absicht gehabt, Lüsternheit zu erwecken.
Er hat sich das Werk aus einem tiefen Gefühl aus der Seele geschrieben. Der Inhalt ist auch nach der Überzeugung des Gerichts
ein ethischer. Der Dichter wollte durch sein Werk bessernd wirken.
D i e s e   I d e e   t r i t t   a u c h   d e m   n o r m a l   e m p f i n d e n -
25 d e n   M e n s c h e n   s o d e u t l i c h   e n t g e g e n , d a s s   i m
v o r l i e g e n d e n   F a l l e   a l l e s   B e i w e r k ,   d a s   a l s   u n -
s i t t l i c h   a n g e s e h e n   w e r d e n   k ö n n t e ,   z u r ü c k g e -
d r ä n g t   w i r d.

Gegenüber dem Wortlaut des Buches wäre nun zu sagen, was bei
30 der Aufführung seitens der Leitung und der Darsteller geschehen
ist, um etwaige Gröblichkeiten, die der Wortlaut des Buches hat, zu
mildern. Es ist ferner hervorzuheben, dass das Gericht die Überzeugung erlangt hat, dass die Aufführung, die im Laufe des Prozes-
ses vor dem Gericht erfolgt ist, in allen wesentlichen Punkten den
35 Aufführungen nach dem 22. Juni 1921 entsprochen hat.

Nun zur Aufführung selbst: Alles, was in Worten oder durch Handlungen anstößig, obszön, verletzend auf der Bühne wirken könnte,

ist, wie die Beweisaufnahme ergeben hat, von der Bühnenleitung gestrichen. Um ein Beispiel anzuführen: es tritt dies
5 besonders hervor in dem Gespräch zwischen dem „Jungen Mann" und der „Jungen Frau". In dem Werke selbst hilft der Mann der Frau beim Ausziehen
10 und zerreißt in seiner Aufregung ihre Kleidung, zieht ihr Schuh und Strümpfe aus, küsst ihr den Fuß; der Mann entkleidet sich auch selbst und

Der Vorsitzende Richter, Landgerichtsdirektor Brennhausen

15 kommt zu ihr ins Bett. In der Aufführung verschwinden Mann und Frau hinter einem Vorhang. Das Entkleiden der Frau wird dadurch angedeutet, dass der Mann fast sofort wieder mit einem Schuh der Dame in der Hand auf der Szene erscheint und den Schuh auf einen Fauteuil[1] wirft. Die Frau liegt dann, nur wenig dekolletiert[2], in
20 einem halb durch einen leichten, grünen Vorhang verdeckten Bett; der Herr steht hinter ihr, vollständig angezogen. – Der erste, durch Gedankenstriche in dem Buche angedeutete Geschlechtsakt spielt sich flüchtig hinter dem Vorhang ab; beim zweiten kommt der Mann nur zu der Frau herein und setzt sich zu ihr auf den Bettrand.
25 [...]
Nun die Darsteller selbst. Sie haben in ihren Gesten und Gebärden, wie sich das Gericht durch die vor ihm veranstaltete Sonderaufführung überzeugt hat, sich höchster Dezenz[3] befleißigt. So einfach die Rollen auf den ersten Blick erscheinen, so stellen sie
30 doch hohe Anforderungen an das Können der Spielenden. Bei dem überaus heiklen Stoff muss jeder Schauspieler und jede Schauspielerin sich größter Zurückhaltung und voller Beherrschung befleißi-

---

[1] Polstersessel mit Armlehnen
[2] Brustbereich enthüllt
[3] Zurückhaltung

gen. Auch bei der kleinsten Geste, dem geringsten Mienenspiel läuft der Darsteller Gefahr, ins Anstößige zu gleiten.

[...]

Es liegt also nach der Ansicht des Gerichts in objektiver Beziehung
5 eine unzüchtige Handlung nicht vor.

Daneben sei auch erwähnt, dass auch in subjektiver Beziehung das Gericht die Voraussetzung für die Straffälligkeit der Angeklagten nicht für gegeben erachten würde, nämlich das Bewusstsein der Angeklagten von der Unzüchtigkeit der Darstellung. Es sei dabei
10 nur hingewiesen auf die verschiedenen sich widersprechenden Urteile und Entscheidungen der Gerichtshöfe, die den Angeklagten bekannt waren, insbesondere aber auch auf die ihnen bekannt gewesenen und ihnen gegenüber vertretenen Ansichten hervorragender Fachleute und Kritiker. Alle diese Umstände konnten sie in der
15 Meinung bestärken, dass die von ihnen gegebene Darstellung als unzüchtig nicht angesehen werden könne.

Ist das aber nicht der Fall, dann waren die Angeklagten freizusprechen.

Das Urteil ist demgemäß dahin ergangen:
20 D i e   A n g e k l a g t e n   w e r d e n   f r e i g e s p r o c h e n.
D i e   K o s t e n   f a l l e n   d e r   S t a a t s k a s s e   z u r   L a s t.
Die Sitzung ist geschlossen.

Aus: Wolfgang Heine (Hg.): Der Kampf um den „Reigen". Vollständiger Bericht über die sechstägige Verhandlung gegen Direktion und Darsteller des Kleinen Schauspielhauses Berlin. Berlin 1922, S. 429–432. Zitiert nach: Alfred Pfoser u. a. (Hg.): Schnitzlers „Reigen". Band 2. Die Prozesse. Frankfurt a.M.: Fischer Taschenbuch Verlag 1993, S. 265–270

3. Wien um 1900

Schnitzlers „Reigen" ist ein genaues und scharfsinniges Abbild – oder besser: entblößendes Zerrbild – der Wiener Gesellschaft um 1900. In kaum einem anderen Werk dieser Zeit spiegelt sich die damalige, von Scheinheiligkeit und aufgesetzter Prüderie geprägte Atmosphäre so un-
5 *verhohlen wider; vielleicht der eigentliche Grund für die massiven An-feindungen, denen das „Skandalstück" und sein Autor ausgesetzt wa-ren. Für ein tieferes Verständnis des Dramas ist daher die Kenntnis des historischen Hintergrundes von großer Bedeutung. Hans Kohn vermit-telt Ihnen ein Bild Wiens um die Jahrhundertwende als kosmopoliti-*
10 *sche Stadt, als Schmelztiegel der unterschiedlichen Nationen im Span-nungsfeld der Gegensätze wie Weltoffenheit und Kleinbürgerlichkeit, Multikulturalität und Nationalismus. Hee-Ju Kims und Günter Saßes Aufsatz handelt von der Literatur der Wiener Moderne, die sich durch neue Themen und Ausdrucksformen grundlegend von früheren Epo-*
15 *chen unterscheidet. Dass hinter dieser neuen Literatur ein fundamen-tal verändertes Welt- und Wirklichkeitsverständnis steht, in dem scheinbar sichere Konzepte wie ‚Wahrheit' oder ‚Ich' fragwürdig gewor-den sind, verdeutlichen die zwei Aufsätze von Hermann Bahr, einem der wichtigsten Theoretiker und Kritiker dieser Epoche. In dem zuletzt*
20 *abgedruckten Text schließlich interpretiert Ursula Keller Schnitzlers „Reigen" vor dem soziokulturellen Hintergrund seiner Entstehungszeit.*

Hans Kohn: Über Wien um 1900

Das letzte Jahrzehnt des neunzehnten Jahrhunderts bedeutete den Durchbruch der modernen Literatur. Nach Jahrzehnten eines blas-sen und verschwommenen Epigonentums[1] machten sich im deut-schen Sprachgebiet junge originale[2] Kräfte geltend. Im Jahre 1890
5 begann in Berlin, herausgegeben von *Otto Brahm*, eine neue Zeit-schrift „Freie Bühne für modernes Leben" zu erscheinen, die bald ein „Spiegelorgan der ganzen modernen Weltanschauung" wurde und sich in die berühmte „Neue Deutsche Rundschau" wandelte, die der damals zum repräsentativen deutschen Verlag sich entwi-

---

[1] Nachahmertums
[2] von besonderer, einmaliger Art, originell

ckelnde S. Fischer Verlag betreute. *Hermann Bahr,* ein Österreicher, der zu den ersten Autoren des Berliner Verlags gehörte, sammelte nach seiner Rückkehr aus Paris im Jahre 1892 das „junge Wien" im Café Griensteidl um sich. Zu ihm gehörten *Arthur*
5 *Schnitzler, Richard Beer-Hofmann, Hugo von Hofmannsthal* und bald auch *Karl Kraus.*
In Wien wehte eine andere Luft als in Berlin, wo die Moderne damals stark unter dem Einfluss des Naturalismus und des Sozialismus stand. Nur das Interesse für das Theater und für *Henrik Ibsen*[1]
10 war beiden gemeinsam. In Wien war nicht nur die Atmosphäre weicher und milder als in dem mehr scharfen und hellen Berlin. Die Probleme der sozialen Realität traten zurück hinter die des persönlichen Lebens. Der begabteste der jungen Wiener, *Hofmannsthal,* damals noch Obergymnasiast, definierte die Moderne,
15 vor allem die Wiener Moderne, indem er die Analyse des Lebens und die Flucht aus dem Leben, die Anatomie und das Träumen für sie charakteristisch fand. Gerade als Wiener konnte er schon damals in *Ibsen,* der allgemein noch als Sozialkritiker angesehen wurde, den Dichter der Seele entdecken: „Man geht durch die reiche
20 und schweigende Seele eines wunderbaren Menschen, mit Mondlicht, fantastischen Schatten, und wanderndem Wind und schwarzen Seen, stillen Spiegeln, in denen man sich selbst erkennt, gigantisch vergrößert und unheimlich schön verwandelt." Da ist *Ibsen* vielleicht zu wienerisch gesehen.
25 Um die Jahrhundertwende begann Wien im europäischen Denken und in der europäischen Literatur eine führende Stellung einzunehmen, vergleichbar der, die es Jahrzehnte lang in der europäischen Musik ausfüllte. Wien war damals nicht nur die Hauptstadt, sondern die Seele Österreichs. Österreich war kein ethnischer und
30 auch kein territorialer, sondern ein kultureller und geschichtlicher Begriff. Es gab eine österreichische Lebensform und Eigenart, die wie auch z. B. die Schweizer nicht durch Volkstum oder Rassengemeinschaft, sondern durch geschichtliche Entwicklung und durch Lebensweisheit bestimmt wurde.
35 [...]

---

[1] norwegischer Schriftsteller und Dramatiker (1828–1906)

Von der Zeit der Babenberger bis zu der zweiten Österreichischen
Republik, in einem Zeitraum von einem Jahrtausend, hat Österreich sehr variable Grenzen gehabt und wechselnde Gebiete umfasst. Immer aber war Wien der Mittelpunkt und das Herzstück
5 Österreichs. Wien bedeutete mehr für Österreich als Österreich für
Wien. Was man manchmal österreichische Lebensform nannte,
hat sich in Wien verkörpert. *Hofmannsthal* sprach von dieser Lebensform als dem „Leicht-Sein", einer Form der Schlichtheit und
Verbindlichkeit, die das Tiefste als Fläche und Oberfläche lebt, die
10 nicht auffallend sein will und auf allen Seiten offen bleibt.

„Wien-Blumencorso", um 1900

Bei allem Österreichertum war Wien eine kosmopolitische[1] Stadt,
und dieser Charakter wirkte sich auch auf das Habsburger Reich
aus bis zu jener verhängnisvollen Zeit, da der Wiener Kleinbürger
unter *Karl Lueger*[2] und der deutsch-nationale Mittelstand, vor allem
15 der Mittelstand der Bildung, aus der europäischen Residenzstadt
eine engstirnige Heimat- und Nationalstadt machten. Aber bis zu-

---

[1] weltbürgerliche
[2] österreichischer antisemitischer Politiker und Wiener Bürgermeister
(1844–1906)

letzt, als es aus einer Hauptstadt zu einer preußischen Provinzstadt wurde, behielt Wien seine Bedeutung als Assimilationszen-
trum[1], ein melting pot[2], darin New York ähnlich, das ein Teil, und
ein vielfach führender Teil, der Vereinigten Staaten und doch wie-
5 derum nicht ganz oder nicht nur Vereinigte Staaten ist. [...]

Aus: Hans Kohn: Karl Kraus, Arthur Schnitzler, Otto Weininger. Aus dem jüdischen
Wien der Jahrhundertwende. Tübingen: Mohr (Siebeck) 1962, S. 1–5

Hee-Ju Kim und Günter Saße: Über die Literatur der Wiener Moderne

„Gruß aus Wien". Korrespondenzkarte

„Ich erleb jetzt eine sonderbare Zeit: mein inneres Leben macht
aus Menschen, Empfindungen, Gedanken und Büchern eine wirre
Einheit, die Wurzeln aller dieser Dinge wachsen durcheinander wie
bei Moos und Pilzen und man spürt auf einmal, dass die Schei-
5 dung von Geist und Sinnen, Geist und Herz, Denken und Tuen eine äußerliche und willkürliche ist. *panta rhei* [griech. für ‚alles
fließt‘]."
So schreibt Hugo von Hofmannsthal im Februar 1894 an Leopold
von Andrian. Er formuliert damit die Diagnose eines „wirren" Zeit-

---

[1] Zentrum der kulturellen Angleichung und Anpassung
[2] engl. „Schmelztiegel"

alters, das durch eine epochale Verunsicherung gekennzeichnet ist.

Die zeitgenössische Philosophie, Psychologie, Kunst und Literatur reflektieren diese Verunsicherung kritisch. Sie zeigen auf, wie die
5 überlieferte Vorstellung vom Subjekt ihre Geltungskraft verliert. Das Ich wird als inkonsistentes[1] Gebilde bestimmt; die Grenze zwischen innen und außen gerät ins Fließen. In diesem Zusammenhang bezeichnet Ernst Mach[2] das Ich als „unrettbar"; seine Reflexionen sprechen dem Subjekt die Fähigkeit zu selbstbestimmtem,
10 bewusstem Handeln ebenso ab wie das Vermögen, die wahren Antriebe seines Fühlens, Sprechens und Verhaltens rational[3] zu durchschauen. Um zu begründen, weshalb sich das Subjekt als Ordnungsinstanz von Erlebnissen und Empfindungen in einer derart existenziellen Krise befindet, wird auf den Umbruch der gesam-
15 ten gesellschaftlichen Ordnung hingewiesen. So hat der großstädtische Zivilisationsprozess eine verwirrende Unübersichtlichkeit und extreme Beschleunigung aller lebensweltlichen Prozesse zur Folge. Immer stärker schwindet die deutende Kraft überkommener Weltbilder und tradierter Gewissheiten. Selbst der Sprache traut
20 man nicht mehr zu, die ‚Welt' adäquat zu erfassen und zu vermitteln.

Während die damalige Philosophie und Psychologie das Wechselverhältnis zwischen den Fragmentarisierungen[4] der Außenwelt und den Dissoziationen[5] der Innenwelt begrifflich zu fassen su-
25 chen, gestaltet die Literatur des Fin de Siècle[6] die Auflösung kohärenter[7] Selbst- und Weltbilder auf vielfältige Weise im Medium innovativer[8] Darstellungsformen. Dabei fungiert sie allerdings nicht als bloßes Reproduktionsmedium vorgängiger theoretischer Dia-

---

[1] unzusammenhängendes
[2] österreichischer Physiker und Philosoph (1838 – 1916)
[3] vernünftig
[4] Zergliederungen
[5] Auflösungen
[6] frz.: „Jahrhundertwende"; Zeit des ausgehenden 19. Jahrhunderts
[7] zusammenhängend
[8] neuer

gnosen, sondern als hochsensibles Organ für das komplexe Wechselspiel sozialer und psychischer Vorgänge.

Hier ist insbesondere die Literatur der Wiener Moderne zu nennen. Programmatisch fordert ihr führender Literaturkritiker Hermann Bahr die Abkehr vom naturalistischen Interesse an der sozialen Außenwelt und die Hinwendung zur psychologischen Darstellung der „nervösen" Innenwelt. Dieses Postulat verwirklicht Schnitzler in seinen literarischen Introspektionen[1], ohne jedoch auf die Vermittlung der gesellschaftlichen Probleme zu verzichten – ganz im Gegenteil: er erklärt die Psyche zum Resonanzraum der sozialen Zustände und der aus ihnen resultierenden fragwürdigen Normen. Als herausragender Exponent[2] des Jungen Wien erkundet er in unterschiedlichen literarischen Formen Tiefendimensionen der menschlichen Seele; auch er untergräbt dabei die herkömmlichen Vorstellungen von einem integralen[3] Ich, dem sich die heterogenen[4] Eindrücke der Außenwelt zur homogenen[5] inneren Wahrnehmung verdichten.

So wie für den Philosophen Ernst Mach das Ich keine feste Größe ist, sondern nur einen relativ beständigen „Komplex von Erinnerungen, Stimmungen, Gefühlen" bildet, und so wie es für den Essayisten Hermann Bahr lediglich „ein Behelf [ist], den wir praktisch brauchen, um unsere Vorstellungen zu ordnen", so versteht auch Schnitzler personale Identität als ein bloß aus Erwartungen und Ansprüchen erwachsenes Phantasma[6]. Als Produkt von Täuschungen und Selbsttäuschungen suggeriere es dort Substantialität[7], wo doch nur ein fluktuierendes[8] Gemenge psychophysischer Impulse auszumachen sei. In seinen Werken entlarvt Schnitzler entsprechende Inszenierungen kohärenter Subjektivität. Er schaut hinter die Oberfläche der von ihm sogenannten „kernlosen Menschen",

---

[1] Selbstbeobachtungen
[2] Vertreter
[3] für sich bestehenden
[4] uneinheitlichen
[5] gleichartigen
[6] Trugbild
[7] Wesentlichkeit
[8] schnell wechselnd, schwankend

deren Innenleben sich lediglich als ein Ensemble[1] „flottierender[2] Elemente" erweist, „die sich niemals um ein Zentrum zu gruppieren" vermögen.

Auf diese Weise arbeitet Schnitzler als Diagnostiker menschlicher
5 Seelendisposition des Fin de Siècle dem Konzept eines vernunftorientierten Subjekts entgegen, das weiß, was es will, und seine Ziele beharrlich verfolgt. Stattdessen entwirft er seine Gestalten als austauschbare ,Dividuen'[3], die Eigenes und Fremdes, Reales und Imaginäres[4] nicht klar zu unterscheiden vermögen. Sie erwei-
10 sen sich als orientierungslose Existenzen, deren Eindrücke, Empfindungen, Gedanken und Erlebnisse um die leere Mitte ihrer personalen Kernlosigkeit kreisen. Die Schlusspassage aus Schnitzlers *Paracelsus* verleiht dieser Auflösung der traditionellen Unterscheidung von außen und innen, objektiver Wirklichkeit und subjektiver
15 Deutung beredten Ausdruck:

> Es fließen ineinander Traum und Wachen,
> Wahrheit und Lüge. Sicherheit ist nirgends.
> Wir wissen nichts von anderen, nichts von uns;
20 > Wir spielen immer, wer es weiß, ist klug.

Porzellan-Fahrt.

Scherenschnitt aus der Serie „Wien bei Nacht"

---

[1] Gesamtheit
[2] schwebender, schwankender
[3] „Teilbare" (im Gegensatz zu Individuen, den „Unteilbaren")
[4] nicht Reales, nur Vorgestelltes

Schnitzlers Werk reflektiert die Destabilisierungssymptome der Décadence[1], in der sich die Grenzziehungen der Kultur auflösen, die den Menschen bisher als Orientierungsvorgaben im Erleben ihrer selbst und anderer dienten. [...]

Aus: Vorwort. In: Arthur Schnitzler. Dramen und Erzählungen. Hrsg. von Hee-Ju Kim und Günter Saße. Stuttgart: Reclam 2007, S. 9–17

Hermann Bahr: Das unrettbare Ich

[...] Ich wurde nämlich bald ein rechter Sophist[2], geschickt, von jedem Gedanken sogleich abzuhaspeln, was sich irgend aus ihm ziehen ließ. Ich konnte alles be-
5 weisen und glaubte eigentlich gar nichts: denn in mir hatte sich festgesetzt, dass in den Anfängen der Dinge alles unsicher und voll Lüge, dass es aber bequemer, um mit den Lehrern fertig zu werden, und
10 schicklicher war, so zu tun, als glaube man daran. Dies wurde mir so geläufig, dass ich spielend alles in mich aufnehmen konnte, ohne davon im Innern behelligt oder auch nur berührt zu werden,
15 weshalb ich denn von allen Lehrern als ein vorzüglicher Schüler gepriesen wurde, die nicht ahnten, wie ihre ganze Weisheit an mir abrann. Mir ist das selbst viel später erst einmal klar geworden. Da war
20 ich schon in Salzburg und wohnte mit einem dicken, braven, schwer und langsam denkenden, aber ergreifend fleißigen und ernsten Kameraden zusammen. Nun war in unserer Schule die größte Verwirrung.
25 Wir hatten einen leidenschaftlich gläubi-

Hermann Bahr, um 1895

---

[1] Kunstrichtung um 1900, die von kulturell-moralischem Verfall geprägt war
[2] geschickter und spitzfindiger „Wortverdreher"

gen Katecheten[1], einen heißen Eiferer, wütend beredt und uner-
müdlich, uns alle Schrecken der Hölle auszumalen. Ein anderer
Lehrer dagegen, ein leichtsinniger junger Mensch von großer Eitel-
keit, gefiel sich, uns jenen albernen seichten Materialismus[2] beizu-
5 bringen, der in der Provinz damals noch für gebildet galt. Mich
focht das nun gar nicht an: ich bediente den Fanatiker der Offenba-
rung so flink als den der Erfahrung und stand mit dem heiligen
Augustin[3] so gut als mit Büchner[4] und Vogt[5], bei mir tief überzeugt
und keinen Augenblick zweifelnd, dass sie alle logen, weil mir für
10 wahr nur galt, was ich selbst erlebt hatte. Da fand ich einmal meinen Kameraden tief bedrückt, und den großen, ungelenken Menschen, der sich allein nicht mehr zu helfen wusste, trieb es, sich
mir anzuvertrauen. Ihn hatten nämlich die Finten jenes leichtsinnig witzelnden Materialisten verwirrt und er entsetzte sich, als er
15 plötzlich fand, dass er nicht mehr glauben konnte. Was sollte aus
ihm werden? Ich kannte seine Verhältnisse und wusste, dass er der
jüngste Sohn eines Bauern und also bestimmt war, geistlich zu
werden. Resolut riet ich ihm, sich doch um jenen Windhund nicht
mehr zu kümmern, sondern dem Katecheten zu vertrauen, den ich
20 zwar nicht ausstehen konnte, dem aber entschlossen zu folgen,
wie nun einmal alles lag, für ihn doch viel vernünftiger war. Er
schien das aber gar nicht zu begreifen und meinte, ich müsste ihn
missverstanden haben, und quälte sich noch einmal ab, mir seine
Zweifel und unfrommen Bedenken darzutun. Er nahm ein Dogma[6]
25 nach dem anderen vor, um mir zu zeigen, wodurch er an jedem ins
Wanken geraten war, und hätte wohl gern gehabt, dass ich ihm
seine Skrupel widerlegen sollte, worauf ich mich nun gar nicht ein-
ließ, sondern dabei blieb: es ist aber für dich gescheiter, dem Kate-

---

[1] Religionslehrer
[2] philosophische Lehre, die die Wirklichkeit durch Kräfte der Materie zu
  erklären versucht
[3] Aurelius Augustinus, christlicher Kirchenlehrer und Philosoph (354–430)
[4] Ludwig Büchner, Vertreter des naturwissenschaftlichen Materialismus
  (1824–1899)
[5] Carl Vogt, Vertreter des naturwissenschaftlichen Materialismus
  (1817–1895)
[6] normative Glaubensaussage

cheten zu glauben. „Ja, kann ich denn?", rief er verzweifelt aus; und
er brachte mir wieder ein Dogma vor, das sich in der Tat mit unserer Erfahrung kaum vereinigen lässt. „Ist es denn nicht unsinnig,
dies zu glauben?" Da sagte ich: „Nicht unsinniger, als zu glauben,
5 dass sich die Erde dreht, wo uns doch unsere Sinne sagen, dass es
anders ist. Aber wir müssen es doch glauben, sonst fliegen wir bei
der Matura![1]" Er wendete sich gekränkt ab, weil er es für einen
Spaß hielt. Mir aber war es ernst: denn ich blieb dabei, dass nichts
anders sein könne, als ich es sah, was mir auch meine Vernunft
10 darüber beweisen mochte; mir war eingeboren, meinen Sinnen
mehr zu trauen als der Vernunft. Nur hatte ich mir allmählich an-
gewöhnt, überall zwei Wahrheiten anzunehmen: eine mir eviden-
te[2], die sich gar nicht erst zu rechtfertigen hatte, die mit mir auf die
Welt gekommen war, mit der und von der ich lebte, und eine zweite
15 für die Schule, die sich wunderschön beweisen ließ, die mir das
größte Vergnügen machte, der ich jedoch sozusagen nicht über die
Gasse traute.

Aus: Hermann Bahr: Das unrettbare Ich. In: Ders.: Zur Überwindung des Naturalismus. Theoretische Schriften 1887–1904. Ausgewählt, eingeleitet und erläutert von
Gotthart Wunberg. Stuttgart: Kohlhammer 1968, S. 183–192; hier: S. 185–187

Hermann Bahr: Die Moderne

[...] Die Moderne ist nur in unserem Wunsche und sie ist draußen
überall, außer uns. Sie ist nicht in unserem Geiste. Sondern das ist
die Qual und die Krankheit des Jahrhunderts, die fieberische and
schnaubende, dass das Leben dem Geiste entronnen ist. Das Le-
5 ben hat sich gewandelt, bis in den letzten Grund, und wandelt sich
immer noch aufs neue, alle Tage, rastlos und unstät. Aber der Geist
blieb alt und starr und regte sich nicht und bewegte sich nicht und
nun leidet er hilflos, weil er einsam ist und verlassen vom Leben.
Darum haben wir die Einheit verloren und sind in die Lüge geraten.
10 In uns wuchert die Vergangenheit noch immer und um uns wächst
die Zukunft. Da kann kein Friede sein, sondern nur Hass und Zwie-
tracht, feindselig und voll Gewaltthat.

---

[1] österr., schweiz.: Reifeprüfung
[2] offen zutage liegende, überzeugende

Der Körper fehdet wider den Geist, der Körper der neuen Gesellschaft seit hundert Jahren. Er hat Triebe gezeugt und Wünsche,
ungekannt zuvor und unverstanden noch heute, weil der Geist ge-
ring blieb, geduckt und krüppelig. Es ist nicht der neue Leib, der
5 uns schmerzt, sondern dass wir seinen Geist noch nicht haben.
Wir wollen wahr werden. Wir wollen gehorchen dem äußeren Ge-
bote und der inneren Sehnsucht. Wir wollen werden, was unsere
Umwelt geworden. Wir wollen die faule Vergangenheit von uns ab-
schütteln, die, lange verblüht, unsere Seele in fahlem Laube er-
10 stickt. Gegenwart wollen wir sein.
Die Vergangenheit war groß, oft lieblich. Wir wollen ihr feierliche
Grabreden halten: Aber wenn der König bestattet ist, dann lebe der
andere König!
Wir wollen die Fenster weit öffnen, dass die Sonne zu uns komme,
15 die blühende Sonne des jungen Mai. Wir wollen alle Sinne und
Nerven aufthun, gierig, und lauschen und lauschen. Und mit Jubel
und Ehrfurcht wollen wir das Licht grüßen, das zur Herrschaft ein-
zieht in die ausgeräumten Hallen.
Es ist nicht wahr, dass es große Thaten braucht und einen gewalti-
20 gen Messias. Es braucht nur eine schlichte und einfältige Liebe zur
Wahrheit. Nur der hochmütige Stolz werde gejätet, der mit Ver-
stand den Sinnen widerstehen will.
Draußen, in dem Gewordenen von heute ist die Erlösung. Drin, in
dem Überlieferten von gestern, ist der Fluch. Wir wollen wallfahr-
25 ten aus der engen, dumpfen Klause nach den hellen, weiten Hö-
hen, wo die Vögel singen, Pilgrime[1] der Sinne.
Ja, nur den Sinnen wollen wir uns vertrauen, was sie verkündigen
und befehlen. Sie sind die Boten von draußen, wo in der Wahrheit
das Glück ist. Ihnen wollen wir dienen.
30 Jeden Wunsch, in dem sie sich leise regen, wollen wir verzeichnen.
Jede Antwort, die sie der Welt geben auf jedes Ereignis, wollen wir
lernen. Jeden Ton wollen wir behalten.
Bis der neue Geist wird, in welchem der alte vernichtet und nur die
Wirklichkeit ist. Bis dieser fremde Leib, dieser ungeheure Riesen-
35 leib, der da draußen ächzt und stöhnt, seine Seele in uns geformt,

---

[1] Pilger

ungeheuer und unermesslich, ins gigantische gleich ihm. Bis die
Lüge in uns, das Anderssein, anders als der Dampf und das Elek-
trische, erwürgt ist.

Wir haben nichts als das Außen zum Innen zu machen, dass wir nicht
5 länger Fremdlinge sind, sondern Eigentum erwerben. Aber wir müssen uns reinigen zuvor, für die künftige Einwanderung, reinigen von
den Tyrannen. Es darf keine alte Meinung in uns bleiben, kein Betrug
der Schule, kein Gerücht, das nicht Gefühl ist. Es muss ausgeholzt
werden, dass der Morgenwind der Freiheit durchstreichen kann, der
10 die Saat herweht. Die Axt muss mörderisch übers Gestrüpp.

Dieses ist die große Sorge, die Not thut, dass wir uns den Trüm-
merschutt der Überlieferung aus der Seele schaffen und rastlos
den Geist aufwühlen, mit grimmen Streichen, bis alle Spur der Vergangenheit vertilgt ist. Leer müssen wir werden, leer von aller Leh-
15 re, von allem Glauben, von aller Wissenschaft der Väter, ganz leer.
Dann können wir uns füllen.

Aber der Segen, der uns erfüllen wird, kommt von außen, ein Geschenk des Lebens. Wir brauchen uns nur zu öffnen. Wenn wir ihm
nur unseren Schoß in liebender Hingebung gewähren, dann keimt
20 die Frucht.

Wir sollen nicht ringen und leiden ins Unendliche. Demütig sollen
wir uns bescheiden mit der Wahrheit neben uns. Sie ist da, draußen. Wir wollen sie einführen in die Seele – der Einzug des auswär-
tigen Lebens in den innern Geist, das ist die neue Kunst.

25 Aber dreifach ist die Wahrheit, dreifach das Leben, und dreifach
darum ist der Beruf der neuen Kunst. Eine Wahrheit ist der Körper,
eine Wahrheit in den Gefühlen, eine Wahrheit in den Gedanken.
Die Körper wollen wir schauen, die einzelnen und die ganzen, in
denen die Menschheit lebt, wollen forschen, welchen Gesetzen sie
30 gehorchen, welche Schicksale sie erfahren, von welchen Geburten,
nach welchen Toden sie wandern, wollen es aufzeichnen, wie es ist.
Die Gefühle wollen wir suchen, in unserer Brust und in den fremden, welche nur irgendwo seufzen, träumen oder schnauben, wollen sie in Retorten[1] sehen, in Dampf gehitzt und wieder erkältet,
35 mit anderen gebunden und vermischt, in ihre Gase zerkocht, wol-

---

[1] Gefäße aus Glas mit gebogenem, verjüngtem Hals

len es anmerken, wie sie sind. Und wenn dann die Zeichen und Marken in den Gehirnen wandeln, sich begegnen und umarmen, zu Reihen gesellen und in Reigen verschlingen, wenn die in die Seelen getretene Wahrheit sich ins Seelische verwandelt, die seeli-
5 schen Sprachen annimmt und deutliche Symbole schafft, wenn endlich alles Außen ganz Innen geworden und dieser neue Mensch ein vollkommenes Gleichnis der neuen Natur ist, wieder ein Eben-bild der Gottheit nach so langer Entstellung, diesen neuen Geist wollen wir dann aussagen, was er für Meinungen und Befehle hat.
10 Wir haben keine großen Worte und Wunder sind uns versagt. Wir können kein Himmelreich versprechen. Wir wollen nur, dass das Lügen aufhöre, das tägliche Lügen, in den Schulen, von den Kan-zeln, auf den Thronen, welches hässlich und schlecht ist.

Wir haben kein anderes Gesetz als die Wahrheit, wie jeder sie emp-
15 findet. Der dienen wir. Wir können nichts dafür, wenn sie rauh und gewaltthätig ist und oft höhnisch und grausam. Wir sind ihr nur gehorsam, was sie verlange. Manchmal verwundert es uns selbst und erschreckt uns, wir können uns aber nicht helfen.

Dieses wird die neue Kunst sein, welches wir so schaffen. Und es
20 wird die neue Religion sein. Denn Kunst, Wissenschaft und Religi-on sind dasselbe. Es ist immer nur die Zeit, jedesmal in einen an-dern Teig geknetet.

Vielleicht betrügen wir uns. Vielleicht ist es nur Wahn, dass die Zeit sich erneut hat. Vielleicht ist es nur der letzte Krampf, das überall
25 stöhnende, der letzte Krampf vor Erstarrung in das Nichts.

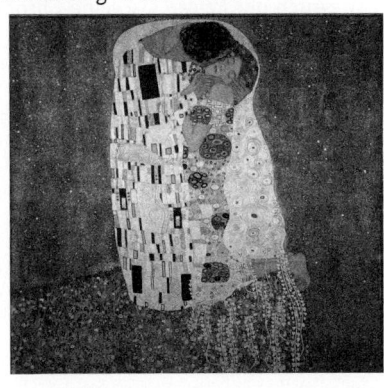

Aber wenigstens wäre es ein frommer Betrug, weil er das Sterben leicht macht.

Oder ist es die Völlerei, die wir
30 wählen sollen, und die Un-zucht, zur Betäubung?

Aus: Hermann Bahr: Die Moderne. In: Ders.: Zur Überwindung des Naturalismus. Theoretische Schriften 1887–1904. Ausgewählt, eingeleitet und erläutert von Gotthart Wunberg. Stuttgart: Kohlhammer 1968, S. 35–38

Gustav Klimt: Der Kuss, 1907/08

Ursula Keller: Das Immergleiche: „Reigen"

Der *Reigen,* jene skandalumwitterte Szenenreihe, von der Schnitzler vermutete, dass sie, „nach ein paar hundert Jahren ausgegraben, einen Theil unsrer Cultur eigentümlich beleuchten würde", ist
längst kein Skandalon[1] mehr. Das Aufführungsverbot ist aufgeho-
5 ben. Das Gemisch aus moralinsaurer[2] Prüderie und ästhetischer
Blindheit, das den spektakulären *Reigen*-Prozess heute wie eine
Farce[3] aussehen lässt, ist aus der Mode. Zumindest was die Prüderie angeht! Das ästhetische Missverständnis scheint hartnäckiger,
zeitloser: Sowenig die Skandale von damals den *Reigen* auf der
10 Höhe seines ästhetischen Niveaus angetroffen haben, sowenig
tun es die aufgeklärten Inszenierungen von heute. Augenzwin-
kernd und allzu einverständig „wienern" sie hinweg über die ge-
sellschaftliche Brisanz des Sujets[4] und die technische Brillanz, mit
der hier einer über sein Material verfügt.
15 Konsequenter noch als im *Anatol*[5] ist im *Reigen* an die Form, an die
ästhetische Faktur[6] delegiert[7], was für Schnitzler irreduzible[8] historische Erfahrung ist: die zunehmende Verdinglichung aller menschlichen Beziehungen und die lähmende Wiederholung des Immergleichen. Ostentativer[9] noch als dort dreht sich hier alles um den
20 Eros[10] – er wird zum Paradigma[11] gesellschaftlicher Kommunikation.
Ein „Theil unsrer Cultur" steht, wenn er nur hell und scharf genug
beleuchtet wird, symptomatisch[12] fürs Ganze: die Mechanik der
Habsburger-Monarchie in ihren alltäglichen Erscheinungsformen.
Auch der *Reigen* also eine Chronik der allgemeinen Auflösung, ex-

---

[1]   etwas Anstoß Erregendes
[2]   übertrieben sittenstreng, moralisierend
[3]   billiger Scherz
[4]   Gegenstand, Motiv einer künstlerischen Gestaltung
[5]   Schauspiel von Arthur Schnitzler von 1893
[6]   kunstgerechter Aufbau
[7]   übertragen
[8]   nicht ableitbare
[9]   betonter, deutlicher
[10] sinnliches Verlangen
[11] Beispiel, Muster
[12] bezeichnend

emplifiziert[1] am erotischen Alltag der Gallert-Demokratie[2], eine Chronik der Erstarrung, in der das Gleiche immer wiederkehrt und die Katastrophe darin besteht, dass es „so weiter" geht, ein Dokument der kleinen unscheinbaren Katastrophen der Normalisierung. Anders als bei Nietzsche[3] gibt hier kein trotziges *„dionysisches[4] Ja-Sagen"*, kein Amor fati[5] der immergleichen „Verknotung" eine höhere lebensmetaphysische Weihe. Im *Reigen* lässt der Horror vacui[6] die Figuren ihren makabren[7] Totentanz tanzen, wo sie glauben, am lebendigsten zu sein. In zehn aufeinanderfolgenden Szenen wiederholt sich mechanisch, unentrinnbar das immergleiche Spiel in der immergleichen Abfolge von Begehren, Besitzen und ermüdetem Voneinander-Ablassen. Nur die Personen wechseln nach einer ausgeklügelten Dramaturgie. Am Anfang und am Ende steht die Dirne, mit ihr schließt sich der Kreis, dreht sich das Karussell entfremdeter Sexualität weiter. [...]
Die Konstellation der Figuren bildet das soziale Spektrum der Donaumetropole fast vollständig ab. Die Auswahl bereits setzt Wiener Akzente, die Reihenfolge ihres Auftretens folgt der sozialen Hierarchie von unten nach oben.
Nicht zufällig ist es *Die Dirne,* die den Reigen eröffnet und schließt. Einzig in ihr ist die Herrschaft des Tauschprinzips, der alle andern Figuren latent[8] gehorchen, offengelegt. *Der Soldat* ist eine untere Charge[9] der k.u.k.[10] Armee mit all ihren borniertem[11] Denkmustern und schablonierten Verhaltensnormen. *Das Stubenmädchen* ver-

---

[1] erläutert, veranschaulicht
[2] Gallert: steif gewordene, durchsichtige gelatineartige Masse
[3] Friedrich Nietzsche, deutscher Philosoph (1844–1900)
[4] rauschhaftes, wildes; den Gott Dionysos aus der griech. Mythologie betreffend
[5] lat.: „Liebe zum Schicksal"
[6] lat.: „Angst vor der Leere"
[7] unheimlichen
[8] versteckt, verborgen
[9] Rang
[10] kaiserlich und königlich (die Doppelmonarchie Österreich-Ungarn betreffend)
[11] engstirnigen

dankt seine Existenz dem ungleichzeitigen, halbfeudalen[1] Lebensstil der Wiener Oberschicht mit ihren Dienern, Kammerzofen, Lakaien[2], Köchinnen und Kutschern. Als Angehörige eben dieser Bourgeoisie[3] stehen *Der junge Herr, Die junge Frau* und *Der Gatte*
5 dramaturgisch im Zentrum: In ihnen sind die Verkehrsformen, die Interpretationsmuster und Verdrängungen der Metropole[4] des Scheins am reinsten repräsentiert. *Das süße Mädel* aus dem kleinbürgerlichen Vorstadtbeisel[5] zirkuliert ebenso naiv wie verdorben in den Ritualen des sexuellen Tauschs. Bürgerliche Randexistenzen
10 wie *Der Dichter* und *Die Schauspielerin* stehen weniger im Bann einer restriktiven[6] Doppelmoral als die bürgerlichen Stützen der Gesellschaft. Ihre Exaltiertheiten[7] und eitlen Selbststilisierungen aber weisen sie aus als zugehörig zur Wiener Komparserie[8] der Spieler und Literaten. Als Repräsentant der Habsburger-Aristokratie be
15 wegt sich *Der Graf*, liebenswürdig, rituell und kontemplativ[9], in größerer Ferne zum Tauschprinzip als die andern. Er leistet sich den Luxus ganz unzweckmäßig-humaner Gesten und suspendiert[10] den Tausch da, wo er institutionalisiert[11] ist: bei der *Dirne*.
Diese Vielfalt der sozialen Typen und ihrer Sprachspiele gibt
20 Schnitzler die Gelegenheit, seine äußerst raffinierte Dialogtechnik mit all ihren Finessen[12], ihren indirekten Genauigkeiten und beredten Verschwiegenheiten auf kleinstem Raum zu entfalten. Die Differenzen der Milieus werden vom Interieur[13], den Vergnügungsformen, dem Sprachgestus bis hinein in die bewussten und unbe

---

[1] halbvornehmen
[2] fürstliche Diener
[3] wohlhabendes Bürgertum
[4] Hauptstadt
[5] österr.: Vorstadtkneipe
[6] einschränkenden, einengenden
[7] Überspanntheiten
[8] Gesamtheit der bei einem Film oder Theaterstück mitwirkenden stummen Figuren
[9] beschaulich, besinnlich
[10] suspendieren (hier): zeitweilig aufheben
[11] in eine gesellschaftlich anerkannte, feste Form gebracht
[12] Besonderheiten, Feinheiten
[13] Innenausstattung

wussten Legitimationsstrategien der Figuren genauestens nachgezeichnet. Und doch dient dieser ganze Reichtum an Nuancen[1], Zwischentönen und sorgfältigsten Differenzierungen der Darstellung – des Immergleichen. [...]

Wien bei Nacht   Graben

Scherenschnitt „Graben" aus der Postkartenserie „Wien bei Nacht"

5 Mehr als die nivellierende[2] Kraft des Begehrens interessiert Schnitzler seine vergesellschaftete Gestalt: die ritualisierten Gesten und Sprachspiele des Vorher und Nachher ebenso wie die gesellschaftlich verordnete Sprachlosigkeit des Sexuellen, die sich nichts-/vielsagend hinter Gedankenstriche zurückgezogen hat – und darum
10 umso präsenter ist in allem Gesagten. Was die Zwänge und Konventionen einer repressiven[3] Sexualmoral dem Begehren antun, wird an den Ritualen des erotischen Gesellschaftsspiels ablesbar: an der brutalen Beiläufigkeit, in der die käufliche Liebe eingeleitet und vollzogen wird, an den Koketterien[4] und Scheinwiderständen, zu denen
15 rigide[5] geschlechtsspezifische Normen die Stubenmädchen, die süßen Mädln und die jungen Frauen immer wieder zwingen, und an der Frivolität[6], der plötzlichen Abgebrühtheit und Vulgarität[7], in der

---

[1] feine Unterschiede
[2] ausgleichende
[3] hemmenden, unterdrückenden
[4] eitel-selbstgefällige Verhaltensweisen
[5] strenge
[6] Schamlosigkeit
[7] ordinäre, derbe Art

das Verdrängte sich Geltung verschafft. Genauestens abschattiert in der sozialen Diktion[1] sind es doch die immergleichen Floskeln, die da stereotyp[2] wiederkehren und die permanente[3] Präsenz[4] gesellschaftlicher Kontrolle im Privatesten signalisieren. [...]

5 Und noch eins verraten die erotischen Vergesellschaftungsmuster im *Reigen:* Wie radikal die Freudsche Entdeckung des Unbewussten und der Libido die Frau ins Zentrum der Männerphantasien rückt. Das „Weib" heißt das um 1900 und „das Weib ist ein Rätsel" (Freud)[5]. Dunkel, fremd und vieldeutig wie das vielbeschworene

10 ‚Leben' wird sie zum „dark continent"[6] (Freud), über dem eine überzivilisierte, dekadente[7] Kultur ihre Projektionen errichtet. Inbegriff einer undomestizierten[8] Geschlechtlichkeit ist sie, eine permanente Herausforderung, eine Irritation für die Kultur. Man umkreist sie, man deutet sie, man erniedrigt sie, man verherrlicht sie, man

15 analysiert sie – aber man entkommt ihr nicht um 1900. Das ganze Unbehagen an der Kultur kristallisiert sich am „Rätsel Weib". Bilder über Bilder, aufgestiegen aus dem Kellergewölbe einer allzu lange vernunfthörigen, lustfeindlichen Gesellschaft: das hirnlos-sinnliche Weib, die angebetete Hetäre[9], die verschlingende Nymphomanin[10],

20 das verdorbene Kindweib und – die unbefriedigte Gattin, die hysterische[11] Mondäne[12], das unberührbar-zerbrechliche Mädchen. Doch ob Madonna oder Hure, ob „Femme fatale"[13] oder „Femme fragile"[14],

---

[1] Ausdrucksweise
[2] ständig, leer, abgedroschen
[3] ständige, anhaltende
[4] Anwesenheit
[5] Sigmund Freud, Begründer der Psychoanalyse (1856–1939); siehe auch S. 180 f.
[6] engl.: „dunkler Kontinent"
[7] kulturell entartete, schwache und nicht widerstandsfähige
[8] nicht gebändigten
[9] Geliebte
[10] Frau mit krankhaft gesteigertem Geschlechtstrieb
[11] überspannte, leicht erregbare, übertrieben nervöse
[12] betont Elegante
[13] frz.: „verhängnisvolle Frau"; charismatische, starke Frau, die Männern durch ihr verführerisches Wesen häufig zum Verhängnis wird
[14] frz.: „zerbrechliche Frau"; schwache, hilflos scheinende Frau, die im Mann häufig den Beschützer und Retter sieht

darüber entscheiden einzig und allein die sexuellen Phantasien und Ängste des Mannes. Er ist die Quelle all dieser erotisch-nervösen Projektionen[1]. Hinter den vielen Bildern die Frau bleibt stumm, spricht nicht von sich selbst, spricht nicht von ihrer ganz anderen
5 Lust. Sie ist die stumme, nachgiebige Materie, die sich unter den wechselnden Blicken des Mannes immer neu modelliert. Dämonisiert, verklärt, aufgebläht von den Wünschen der Männer steht sie auf dem Podest, das eine erotomane[2] Epoche ihr errichtet hat. [...] Hier, wo eine alte, reiche und in allem präsente[3] Kultur ein uner-
10 schöpfliches Arsenal[4] differenziertester „Gebärden", Sprachgesten und Verhaltensmuster zur Verfügung stellt, wo das ständige Auf und Ab von Vergnügungen, Zerstreuungen und unverbindlichen Begegnungen, von wechselnden Moden und mit der Saison wechselnden Aufenthalten die Sinne wachhält, da ist man nur allzu
15 leicht geneigt, den vom ständigen Wechsel verhüllten Mangel an Veränderung zu vergessen. Die gesellschaftlich institutionalisierte Stagnation[5] verbirgt sich den kulturbeflissenen Hedonisten[6] der Walzermetropole im „schönen Schein". Nur im Blick auf die Zukunft verliert die einlullende Melodie des Wiener Alltags ihre sug-
20 gestive[7] Kraft. Da tritt dann das Ziellose, Immergleiche der scheinbar so vielfältigen kleinen Bewegungen hervor und gibt den Blick frei auf die schwindelerregende Bewegungslosigkeit des Ganzen. Und die im Mythos verklärte „weise und grandiose Statik [des Staatskörpers, U. K.], die sich in der meisterhaften Fähigkeit
25 zeigt[e], Lösungen zu verschieben, Konflikte zu umgehen und zerbröckeln zu lassen", erscheint als das, was sie ist: die kollektive[8] Verdrängung einer aporetischen[9] Situation. Im geschichtsblinden Wiener Alltag sind denn auch unschwer die Symptome auszuma-

---

[1] Übertragungen
[2] übersteigert sexualisierte
[3] gegenwärtige
[4] Sammlung
[5] Stockung, Stillstand
[6] jemand, der vorwiegend nach Lustgewinn, Sinnesgenuss strebt
[7] stark beeinflussende
[8] gemeinschaftliche, alle umfassende
[9] ausweglosen

chen, die sich solcher Verdrängung verdanken. Die privaten Hypochondrien[1] und Ängste, die nervösen Depressionen, die Schwindelgefühle und Todesahnungen der „leichtsinnigen Melancholiker" werden unter dem diagnostischen Blick Schnitzlers lesbar als
5 Zeichen einer kollektiven Neurose. [...]
Amalgamiert[2] und ästhetisch verdichtet haben sich in diesem Verfahren drei sehr wienerische Faktoren: der Zustand einer Epoche, in der die großen Dinge unwichtig und die kleinen wichtig geworden sind; die (nicht nur) individuelle Disposition[3] Schnitzlers für
10 die kleine Form – Wien ist nicht zufällig die Hochburg dieser Form!
–; und der diagnostische Blick des Arztes für die kleinen, unscheinbaren Symptome großer Krankheiten, der am trügerischen Wien geschärfte Röntgenblick. Nur im politischen und geistigen Klima des Wien von 1900 kann sich ein solches ästhetisches Verfahren so
15 konsequent entfalten – und verstanden werden! Nur dort, wo man ahnt oder weiß: „im Licht der untergehenden Sonne werfen auch die kleinsten Dinge große Schatten".
So wie Schnitzler in der kleinen Form die große Auflösung registriert und die kleinen Dinge große Schatten werfen lässt, so lässt er
20 den Zustand seiner Epoche wie ein Weichbild auftauchen hinter seinen Figuren, ohne ihn jemals zu benennen. Indem er sich restlos auf den Bewusstseinsstand seiner Figuren einlässt, rekonstruiert er den Gesellschaftskörper, der solches Bewusstsein produziert, gleichsam von innen heraus. In der minutiösen Aufzeich-
25 nung der Klischees und Floskeln der *Reigen*-Akteure dokumentiert er durch die Deformation[4] der Sprache hindurch ihren Wirklichkeitsverlust. [...]
In seiner ästhetischen Faktur wie in seinen subtilen[5] gesellschaftlichen Details registriert der *Reigen* seismographisch[6] genau, wie das
30 Privateste zum Allgemeinsten, Abstraktesten wird, wo es dem Indi-

---

[1] Einbildungen einer Krankheit ohne pathologische Grundlage
[2] verbunden, vereinigt
[3] Veranlagung
[4] Verformung, Verunstaltung
[5] feinen, nuancierten
[6] in der Art eines Seismografen, eines Erdbebenmessers

viduum nicht mehr gelingt, „sich zur Objektivität eines Totalzusammenhangs zu entäußern". Unter dem Röntgenblick Schnitzlers verändert die fröhliche Apokalypse[1] ihr Gesicht und wird kenntlich als der atemlose Totentanz einer untergehenden Gesellschaft.

Aus: Ursula Keller: Böser Dinge hübsche Formel. Das Wien Arthur Schnitzlers. Frankfurt a.M.: Fischer Taschenbuch 2000, S. 187–203

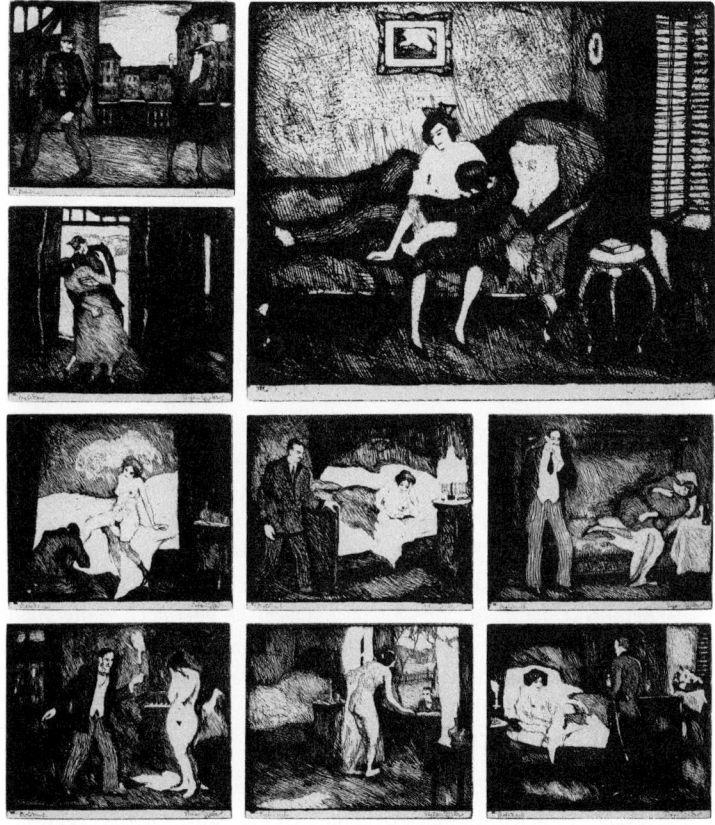

Radierungen von Stefan Eggeler, die 1921 in einer Buchausgabe des „Reigen" im Frisch & Co. Verlag in Wien erschienen

---

[1] Untergang, Weltende

4. Schnitzler und die Psychoanalyse

In Wien vor der Jahrhundertwende entstanden nicht nur die ersten lite-rarischen Werke Arthur Schnitzlers, sondern auch die ersten wissen-schaftlichen Abhandlungen Sigmund Freuds. In diese Zeit fällt die Ge-burtsstunde der von ihm begründeten Psychoanalyse, einer völlig neu-en psychologischen Richtung, die sich die Erforschung des menschlichen Unbewussten zum Ziel gesetzt hat. Während Ihnen Ortrud Gutjahrs Text einen kurzen Überblick über Freuds Leben und Werk gibt, handelt Michaela L. Perlmanns Text von den vielen Gemeinsamkeiten zwi-schen Schnitzler und Freud. Diese Gemeinsamkeiten, die sich sowohl auf die berufliche Herkunft – beide waren Mediziner – als auch auf ein ähnliches Menschenbild beziehen, hat auch Freud gesehen. In seinem hier abgedruckten Brief an Schnitzler gibt er zu, dass er den Kontakt zum Dichter „aus einer Art von Doppelgängerscheu" vermieden hat, er habe in dessen literarischem Werk immer wieder die gleichen Interes-sen und Ergebnisse erkannt, die auch sein eigenes wissenschaftliches Werk bestimmen. Angesichts einer solchen Verwandtschaft ist es kein Wunder, dass Schnitzlers Dramen und Erzählungen wiederholt psycho-analytisch interpretiert worden sind. Den Anfang dieser Analysen machte Theodor Reik, einer der ersten Schüler Freuds. Aus seinem Buch „Arthur Schnitzler als Psycholog" finden Sie hier den Abschnitt über den „Reigen", der Ihnen einen Eindruck von der Methode (früher) psychoanalytischer Literaturinterpretationen gibt. Eine Methode, die zumindest Arthur Schnitzer selbst nicht wirklich überzeugt hat, wie er in der hier abgedruckten Briefpassage an Reik mit deutlichen Worten betont: „Über mein Unbewusstes [...] weiß ich aber noch immer mehr als Sie, und nach dem Dunkel der Seele gehen mehr Wege, als die Psychoanalytiker sich träumen (und traumdeuten) lassen."

Ortrud Gutjahr: Sigmund Freud

Freud, Sigmund, österr. Neurologe und Begründer der Psychoana-lyse, * Freiberg/Mähren 6.5.1856, † London 23.9.1939. – F. stamm-te aus einer armen jüdischen Kaufmannsfamilie und kam im Alter von vier Jahren mit seinen Eltern nach Wien. Er studierte Medizin, wurde Dozent für Psychopathologie an der Universität und eröff-nete 1886 eine Privatpraxis, in der er neben wissenschaftlicher Tä-

tigkeit 52 Jahre lang Patienten betreute, bis er durch die deutsche Beset-
zung Österreichs ein Jahr vor seinem
Tode gezwungen war, nach England zu
5 emigrieren.

Angeregt durch einen Studienaufent-
halt bei dem Neuropathologen Jean
Martin Charcot (1825–1893) in Paris
und ermutigt durch Behandlungser-
10 gebnisse des Wiener Internisten Josef
Breuer (1842–1925), versuchte F., die
hysterischen Symptome seiner Patien-

Sigmund Freud

ten zunächst durch Hypnosebehandlungen zu heilen, und fand
dabei heraus, dass hysterische Reaktionen auf verdrängte, aber
15 noch affektbesetzte[1] traumatische[2] Erlebnisse zurückgehen, die
durch eine „Redekur" erinnert und abreagiert werden können. Die
mit Breuer verfassten *Studien über Hysterie* (1895) legten die ersten
Forschungsergebnisse der Psychoanalyse dar, die F. in den folgenden Jahren um entscheidende Entdeckungen erweiterte. In der
20 *Traumdeutung* (1900) führte F. aus, dass die Traumgedanken durch
Verschiebung und Verdichtung von Erlebnismomenten zustande
kommen und dass durch die Methode der freien Assoziation[3] die
Bedeutung von Träumen entschlüsselt werden kann.

Dass die Tagträume in analoger Weise Assoziationsketten mitein-
25 ander verbinden, legte F. in seinem Aufsatz *Der Dichter und das
Phantasieren* (1908) dar, wobei sich nach F. die literarische Phantasie gegenüber der freien Assoziation durch den Zwang zur Darstellung, zur ästhetischen Form, auszeichnet. Da das Gemeinsame
von Literatur und Psychoanalyse darin liegt, bewusste und unbe-
30 wusste Erlebnisgehalte mit und in Sprache verstehbar werden zu
lassen, versuchte F., seine in der analytischen Praxis gewonnenen
Erkenntnisse immer wieder durch Beispiele aus der Literatur oder
Mythologie zu veranschaulichen. So nannte F. den in der kindli-

---

[1] mit heftigen Erregungen besetzte
[2] auf ein Trauma, eine starke psychische Erschütterung zurückgehende
[3] Vorstellungsverknüpfung

chen Sexualentwicklung entscheidenden psychischen Konflikt, auf
den er die Entstehung vieler Neurosen zurückführte, „Ödipuskom-
plex". Er sah am Schicksal des Ödipus in der griechischen Tragödie
exemplarisch eine Entwicklungsphase dargestellt, die jedes Kind in
5 seiner Beziehung zu den Eltern geschlechtsspezifisch durchlebt. F.
betonte die Nähe zwischen Psychoanalyse und Literatur, da er viele
seiner durch die psychoanalytische Praxis gewonnenen Erkenntnisse in literarischen Texten bestätigt fand.
Die Erkenntnisse der Psychoanalyse beeinflussten das Schreiben
10 vieler Autoren: F. selbst, der schon früh den Wunsch verspürt hatte, Dichter zu werden, verfasste Literaturinterpretationen unter
psychoanalytischen Gesichtspunkten, z. B. *Der Wahn und die Träume in W. Jensens „Gradiva"* (1907). F. war also nicht nur der Erfor-
scher des menschlichen Seelenlebens, sondern begründete auch
15 die Psychoanalytische Literaturinterpretation.

Aus: Harenberg Lexikon der Weltliteratur. Bd. 2. Dortmund: Harenberg 1995, S. 1010 f.

Michaela L. Perlmann-Balme: Schnitzler und Freud

Für Schnitzlers Werk ist seine naturwissenschaftliche Schulung,
die ihm „den Blick geschärft und die Anschauung geklärt hatte",
von ebenso entscheidender Bedeutung wie seine praktischen Erfahrungen als Arzt. Immerhin glaubte er selbst, dass die neben
5 dem literarischen Talent „zweifellos gleichfalls vorhandenen ärztlichen Elemente" seiner Natur „um so entschiedener" zur Entwicklung kommen würden, je mehr er sich von den Verpflichtungen des
Arztberufs befreit hätte. Das Interesse für psychisch verursachte
Erkrankungen und neue psychotherapeutische Heilmethoden teil-
10 te er mit seinem Zeitgenossen, Sigmund Freud, der seinerseits
zunächst auch keine besondere Vorliebe für die Stellung und Tätigkeit des Arztes verspürt hatte, sondern sich ebenfalls von Kunst
und Literatur angezogen fühlte. Beiden gemeinsam war nicht nur
derselbe soziale, kulturelle und konfessionelle[1] Hintergrund, sie
15 durchliefen auch im Abstand von sechs Jahren dieselbe Ausbil-
dung bei denselben Professoren. In der Tradition der Helmholtz-

---

[1] einer bestimmten Konfession, religiösen Gemeinschaft zugehörige

schule[1] sahen diese Lehrer keine anderen Kräfte im Organismus wirksam als physikalisch-chemische. So entwickelten beide bereits als Studenten dieselbe Skepsis gegenüber der modernen Laboratoriumsmedizin und gegenüber der Gleichgültigkeit, mit der die
5 ausbildenden Therapeuten ihre Patienten behandelten. [...] Den Ergebnissen eigener Hypnoseversuche, bei denen weniger wissenschaftliches Interesse als schlichte Neugierde und die Unterhaltung der geladenen Freunde im Vordergrund standen, widmete Schnitzler den Aufsatz „Über funktionelle Aphonie[2] und de-
10 ren Behandlung durch Hypnose und Suggestion" (1889). Während er Anfang der 90er Jahre die Konsequenz aus seinem mangelnden wissenschaftlichen Engagement zog und der Medizin den Rücken kehrte, versuchte Freud die Medizin durch das Einbeziehen einer verstehenden, hermeneutischen[3] Sehweise von innen heraus zu
15 reformieren[4]. Trotz mancher Übereinstimmungen in ihren Interessen und Erkenntnissen blieben die Versuche einer persönlichen Kontaktaufnahme sporadisch[5]. Auf beiden Seiten blieb die Einsicht in die Differenz der gewählten Methode ausschlaggebend. Schnitzler behielt trotz kontinuierlicher Auseinandersetzung mit der Psy-
20 choanalyse viele Vorbehalte gegen deren Theoriebildung, Freud dagegen sah in der Dichtung bei aller Hochachtung keine Alternative zur Forschungsarbeit.

Aus: Michaela L. Perlmann: Arthur Schnitzler. Stuttgart: Metzler 2004, S. 21 f.

Sigmund Freud: Brief an Arthur Schnitzler (14. Mai 1922)

Wien IX, Berggasse 19

Verehrter Herr Doktor
Nun sind Sie auch beim sechzigsten Jahrestag angekommen, während ich, um sechs Jahre älter, der Lebensgrenze nahe gerückt bin

---

[1] Hermann von Helmholtz: deutscher Physiologe und Physiker (1821–1894)
[2] Stimmlosigkeit
[3] auslegenden, erklärenden
[4] erneuern
[5] vereinzelt, selten

und erwarten darf, bald das Ende vom fünften Akt dieser ziemlich unverständlichen und nicht immer amüsanten Komödie zu sehen. Wenn ich noch einen Rest von Glauben an die ‚Allmacht der Gedanken' bewahrt hätte, würde ich jetzt nicht versäumen, Ihnen die
5 stärksten und herzlichsten Glückwünsche für die zu erwartende Folge von Jahren zuzuschicken. Ich überlasse dies törichte Tun der unübersehbaren Schar von Zeitgenossen, die am 15. Mai Ihrer gedenken werden.

Ich will Ihnen aber ein Geständnis ablegen, welches Sie gütigst aus
10 Rücksicht für mich für sich behalten [und] mit keinem Freunde oder Fremden teilen wollen. Ich habe mich mit der Frage gequält, warum ich eigentlich in all diesen Jahren nie den Versuch gemacht habe, Ihren Verkehr aufzusuchen und ein Gespräch mit Ihnen zu führen (wobei natürlich nicht in Betracht gezogen wird, ob Sie
15 selbst eine solche Annäherung von mir gerne gesehen hätten).
Die Antwort auf diese Frage enthält das mir zu intim erscheinende Geständnis. Ich meine, ich habe Sie gemieden aus einer Art von Doppelgängerscheu. Nicht etwa, dass ich sonst so leicht geneigt wäre, mich mit einem anderen zu identifizieren oder dass ich mich
20 über die Differenz der Begabung hinwegsetzen wollte, die mich von Ihnen trennt, sondern ich habe immer wieder, wenn ich mich in Ihre schönen Schöpfungen vertiefe, hinter deren poetischem Schein die nämlichen Voraussetzungen, Interessen und Ergebnisse zu finden geglaubt, die mir als die eigenen bekannt waren. Ihr De-
25 terminismus wie Ihre Skepsis – was die Leute Pessimismus heißen – Ihr Ergriffensein von den Wahrheiten des Unbewussten, von der Triebnatur des Menschen, Ihre Zersetzung der kulturell-konventionellen Sicherheiten, das Haften Ihrer Gedanken an der Polarität von Lieben und Sterben, das alles berührte mich mit einer unheimli-
30 chen Vertrautheit. (In einer kleinen Schrift vom Jahr 1920 ‚Jenseits des Lustprinzips' habe ich versucht, den Eros und den Todestrieb als die Urkräfte aufzuzeigen, deren Gegenspiel alle Rätsel des Lebens beherrscht.) So habe ich den Eindruck gewonnen, dass Sie durch Intuition – eigentlich aber infolge feiner Selbstwahrnehmung
35 – alles das wissen, was ich in mühseliger Arbeit an anderen Menschen aufgedeckt habe. Ja ich glaube, im Grunde Ihres Wesens sind Sie ein psychologischer Tiefenforscher, so ehrlich unparteiisch und

unerschrocken wie nur je einer war, und wenn Sie das nicht wären, hätten Ihre künstlerischen Fähigkeiten, Ihre Sprachkunst und Gestaltungskraft freies Spiel gehabt und Sie zu einem Dichter weit mehr nach dem Wunsch der Menge gemacht. Mir liegt es nahe,
5 dem Forscher den Vorzug zu geben. Aber verzeihen Sie, dass ich in die Analyse geraten bin, ich kann eben nichts anderes. Nur weiß ich, dass die Analyse kein Mittel ist, sich beliebt zu machen.
In herzlichster Ergebenheit

Ihr Freud

10 Aus: Sigmund Freud: Briefe 1873–1939. Frankfurt a. M.: S. Fischer 1960, S. 338–340

Theodor Reik: „Reigen" und Danse Macabre

[...] Kehren wir von hier zu den auffälligen Zügen in den Gestalten aus der Dichtung Schnitzlers zurück, so können wir sie nun besser verstehen. Die-
5 se Personen sind tabu[1]: sie reizen dazu, sich ihnen zu nähern, ihre Liebesgunst zu erlangen, und diese sexuelle Lust wird durch Unglück und Tod gebüßt. Sie strömen eine starke Atmo-
10 sphäre von Versuchung aus, so dass auch ihre ganze Umgebung das gleiche sexuelle Verlangen – wenn auch

Theodor Reik

anderen Liebesobjekten gegenüber – ergreift, und auch diese Verführten treffen die schrecklichen Folgen. (Sie werden gleichfalls
15 tabu.) Die Ansteckung, die ihre Berührung mit sich bringt, erweist sich als Begierde, ihr Beispiel nachzuahmen. [...]
Warum aber sollte der sexuelle Genuss so fürchterlich gerächt werden? Die psychoanalytische Forschung gibt uns Aufschluss durch ihre Einsicht in die seelischen Mechanismen der Zwangsneurose:
20 In der prähistorischen Zeit des Individuums, der Kinderzeit, regten sich sexuelle Gelüste, welchen ein Verbot der elterlichen Autorität gegenüberstand. Jede Übertretung hatte Angst und Schuldbe-

---

[1] verboten, verpönt

wusstsein zur Folge. Und so gelangen wir wieder zu dem Thema zurück, welchem der vorige Abschnitt gewidmet war: den seelischen Verbindungen zwischen Tod und Sexualität. [...]

Die Frauen im „Reigen" lassen ihren sexuellen Partnern nur Freu-
5 den zuteil werden – wir sehen vorläufig von jener Verstimmung nach Vollziehung des Geschlechtsaktes ab –, und keine Spur von Unheilserwartung, wie wir sie in unserem andern Beispiel fanden, lässt sich finden. Oder sollten wir nicht aufmerksam genug gelesen haben? Sicher ist es so. Auch in diesem Werke der primitivsten
10 Sexuallust kann der Dichter dem Thema des Todes nicht ausweichen. Oder wie soll man es deuten, wenn im ersten Dialog folgende Stelle vorkommt:

DIRNE Gib Obacht, da ist es so dunkel. Wennst ausrutschst, liegst in der Donau.
15 SOLDAT Wär eh das beste.

Wie anders, wenn der junge Herr den Verführungsversuch der jungen Frau gegenüber mit einem Hinweis auf irdische Vergänglichkeit einleitet?

DER JUNGE HERR Das Leben ist so kurz.
20 DIE JUNGE FRAU *schwach* Aber das ist ja kein Grund –
DER JUNGE HERR *mechanisch* O ja.

Wir werden an den Ausspruch Nietzsches[1] gemahnt, dass die Mutter der Ausschweifung nicht die Freude, sondern die Freudlosigkeit ist. Die Kurzlebigkeit dieses sexuellen Begehrens (im einzelnen
25 Fall) findet noch einen anderen Ausdruck. Der Dichter kann sich nicht erinnern, wie das geliebte süße Mädel aussieht, obwohl er bei ihr sitzt; sie ist nah und fern, unheimlich. Und die Vergänglichkeit findet ihre stereotype[2] Ausprägung in der Darstellung jener mehr oder minder starken Niedergeschlagenheit nach dem Mo-
30 ment höchster Lust. Sollte es uns vergönnt sein, den Dichter auf die verborgene Traurigkeit dieses Capriccios[3] aufmerksam zu machen, so wie Cäcilie Amadeus[4] das Leiddurchtränkte einer schein-

---

[1] Friedrich Nietzsche: deutscher Philosoph (1844–1900)
[2] ständig, leer, abgedroschen
[3] Capriccio (ital.): scherzhaftes, launiges Musikstück
[4] Cäcilie, Amadeus: Figuren aus Schnitzlers Komödie „Zwischenspiel" von 1906

bar heitern Melodie entdeckt? Ein befreundeter Arzt, mit dem ich
unlängst hier über den „Reigen" sprach, sagte mir: „Wissen Sie,
was einen eigentlich daran wundern könnte? Dass keiner der Teilnehmer in der Reihe geschlechtskrank ist." Und in seiner unum-
5 wundenen Art setzte er hinzu: „Denken Sie nur, was das für eine
Tragikomödie gäbe, wenn nur ein einziger eine Gonorrhoe[1] hätte."
Der Gedanke liegt nicht so fern, als es scheinen möchte. Tatsächlich lässt sich an einem jener aufschlussreichen kleinen Züge, denen wir schon so oft unsere Aufmerksamkeit zugewendet haben,
10 zeigen, dass er einmal auch dem Dichter auftauchte. Denn in der
Szene zwischen dem Gatten und dem süßen Mädel macht sich der
Mann nach der Umarmung geheime Vorwürfe. „Wer weiß, was das
eigentlich für eine Person ist. – Donnerwetter ... So schnell ... War
nicht sehr vorsichtig von mir ... Hm ..." Und er hält es später für
15 notwendig, sie auf die Gefahren der Infektion in fast väterlicher
und ziemlich verblümter Weise aufmerksam zu machen: „Du bist
... na also, unerfahren kann man ja nicht sagen – aber jung bist du
– und – und – die Männer sind im allgemeinen ein gewissenloses
Volk." Zur Verdeutlichung setzt er hinzu: „Ich meine das nicht nur
20 in moralischer Hinsicht. – Na, du verstehst mich sicher." – Es ist
gewiss kein Zufall, dass sich hier die Ernüchterung nach dem Akte,
hinter der wir ein Schuldgefühl vermuten, das der Todesangst na-
hesteht, diese Form der Infektionsfurcht gewählt hat. Bei den
Zwangsneurotikern kann die Analyse zeigen, dass ihre ständige
25 Berührungs- und Ansteckungsangst auf das Schuldgefühl wegen
sexueller Berührung und Impulse zu solcher zurückgeht.
Die Reigenform haben wir schon bei der Schilderung jener erotischen Beziehungen gefunden, in welchen die Berührung so innig
mit dem Phänomen des Tabu zusammenhing. Sollte sie der Dich-
30 ter hier nur deshalb gewählt haben, weil sie die beste Art war, seine
Absichten zu erreichen? Oder waren auch hier unbewusste Faktoren bei der Wahl am Werke? [...]
Primär war wohl auch hier die Ansteckungsangst, und das ganze
Werk, das von so viel Lebenslust überschäumt, ist nichts als eine

---

[1] Tripper, eine Geschlechtskrankheit

bewusste Besiegung eine mehr als kompensierende[1] Reaktion jener unbewussten Angst. Wie mächtig muss diese Angst sein, wenn sie solche Reaktionserscheinungen bewirkte.

Wir wissen schon, dass die neurotischen Symptome eine Bedingung erfüllen: sie stellen Kompromisse zwischen zwei einander widerstreitenden Seelenregungen dar. Es vereinigen sich z. B. in ihnen ein sexueller Impuls und die ihm entgegengesetzte Angst als Abkömmling der Verdrängung. In des Dichters Werk sehen wir etwas Ähnliches: der „Reigen" zeigt die hinreißende Macht der alle Menschen unterwerfenden Triebgewalt, doch verrät er nicht nur durch den gelegentlichen Durchbruch von Todesgedanken, von Augenblicksverstimmungen und Infektionsangst, sondern mehr noch durch seine Struktur die dahinter liegende Angst, welche sich dem Triebe entgegenstellt. Er verbirgt ebenfalls – wie eine neurotische Symptombildung – ebensoviel, als er enthüllt.

Die dynamische Macht des Unbewussten zeigt sich hier am schönsten. Vielleicht gibt es überall in der Sinnenwelt Freiheit, doch im Reiche des Seelischen herrscht Tyrannei. Es ist hier kein Raum für Zufall und Willkür. Die strengsten Gesetze walten und setzen sich – auch gegen den bewussten Willen des Individuums – durch. Auch im Schaffen des Dichters. So konnten wir aus den berauschenden Rhythmen seines Venusreigens das unheildrohende dunkle Mollmotiv des Danse macabre[2] heraushören.

Aus: Theodor Reik: „Reigen" und Danse Macabre. In: Ders.: Arthur Schnitzler als Psycholog. Frankfurt a.M.: Fischer Taschenbuch 1993, S. 74–85; hier: 80–85

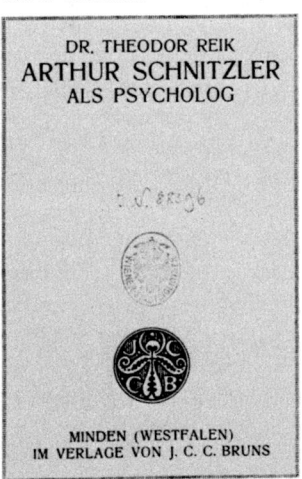

Titelseite der Erstausgabe von Reiks Buch über Schnitzler, 1913

---

[1] ausgleichende
[2] frz.: „Totentanz"

Arthur Schnitzler: Brief an Theodor Reik
(31. Dezember 1913)

[..] Sie haben insbesondere Beziehungswerthe in meinen Arbeiten gesehen, geschaut, erkannt, an denen die meisten
5 Berufskritiker achtlos vorbeigegangen sind; und wo Sie innerhalb des Bewussten bleiben, gehe ich oft mit Ihnen. Über mein Unbewusstes, mein halb Be-
10 wusstes wollen wir lieber sagen –, weiß ich aber noch immer mehr als Sie, und nach dem Dunkel der Seele gehen mehr Wege, als die Psychoanalytiker
15 sich träumen (und traumdeuten) lassen. Und gar oft führt ein Pfad noch mitten durch die erhellte Innenwelt, wo sie – und

Arthur Schnitzler, Porträtradierung von Max Oppenheimer zum 50. Geburtstag

Sie – allzufrüh ins Schattenreich abbiegen zu müssen glauben.
20 [...]

Aus: Vier unveröffentlichte Briefe Arthur Schnitzlers an den Psychoanalytiker Theodor Reik. Hg. von Bernd Urban. In: Modern Austria Literature 8 (1975), S. 236–247; hier: S. 240 f.

5. Eine Szene analysieren – Tipps und Techniken

Ein gewichtiger Teil der Arbeit an dem Drama wird für Sie darin beste-
hen, einzelne Szenen zu analysieren, d. h. zu beschreiben und zu deu-
ten und die Ergebnisse in einem Text zusammenzufassen. Im Folgen-
den erhalten Sie einige Tipps, wie Sie dabei sinnvoll vorgehen können
und wie eine Textanalyse aufgebaut werden kann.

Vorarbeiten

Lesen Sie die entsprechende Textstelle sorgfältig durch und markieren Sie alle Auffälligkeiten, z. B. sprachliche Besonderheiten,
Bezüge zu Textstellen, die Sie bereits bearbeitet haben, mögliche
Untersuchungsgesichtspunkte, Deutungsansätze. Markieren Sie
nach Möglichkeit mit unterschiedlichen Farben oder unterschiedlichen Unterstreichungen (durchgezogene Linie, Wellenlinie, gestri-
chelte Linie, ...).

Auswahl einer geeigneten Analysemethode

Texte können auf unterschiedliche Weise analysiert werden, im Wesentlichen geht es dabei um zwei Methoden:

a) Die Linearanalyse

Der Text wird von oben nach unten bzw. vom Beginn bis zum
Ende bearbeitet. Dabei geht man nicht Satz für Satz vor, sondern kennzeichnet zunächst den Aufbau des Textes und bearbeitet die einzelnen Abschnitte nacheinander. Der Vorteil dieser
Methode besteht darin, dass ein Text sehr detailliert und genau
bearbeitet wird. Vor allem bei kürzeren Auszügen ist diese Analysemethode zu empfehlen.

Man kann sich jedoch auch im Detail verlieren und die eigent-
lichen Deutungsschwerpunkte zu sehr in den Hintergrund
drängen und den Zusammenhang aus dem Auge verlieren,
wenn man zu kleinschrittig vorgeht.

b) Die aspektgeleitete Analyse

Der/die Schreiber/in legt vorab bestimmte Untersuchungsaspekte fest und arbeitet diese nacheinander am Text ab. Der Vorteil dieser Methode besteht darin, dass der eigene Text einen klaren Aufbau erhält und der Leser/die Leserin von Beginn an auf die Untersuchungsaspekte hingewiesen werden kann.

Ein Nachteil kann darin bestehen, dass einige Deutungsaspekte, die als nicht so gewichtig angesehen werden, unter den Tisch fallen.

Der Aufbau einer Linearanalyse

1. **Einleitung:** Hinweise auf den Text geben, aus dem die Szene stammt; evtl. über den historischen Hintergrund informieren; Ort, Zeit und Personen der zu behandelnden Szene angeben, kurze Inhaltsübersicht darbieten
2. **Einordnung der Szene** in den inhaltlichen Zusammenhang (Was geschieht vorher, was nachher?)
3. **Zusammenfassende Aussagen** zum inhaltlichen Aufbau, zu den Textabschnitten (kann auch in den folgenden Teil einfließen)
4. **Genaue Beschreibung und Deutung der Textabschnitte**
   – Aussagen zum Inhalt des jeweiligen Abschnittes
   – Aussagen zur Deutung; evtl. auch Einordnung der Deutungen in den Gesamtzusammenhang (s. auch Schlussteil)
   – Aussagen zur sprachlichen Gestaltung als Beleg für die Deutungen
   – Überleitung zum nächsten Textabschnitt
5. **Schlussteil:** Zusammenfassung der Analyseergebnisse, Einordnung der Analyseergebnisse in den Gesamtzusammenhang des Dramas und in den zeitgeschichtlichen Hintergrund (falls nicht im Rahmen der Linearanalyse erfolgt), persönliche Wertungen ...

Der Aufbau einer aspektgeleiteten Analyse

Die zuvor aufgelisteten Punkte 1, 2 und 5 gelten auch für diese Analysemethode. Es ändern sich die Punkte 3 und 4:

3. Kennzeichnung der Aspekte im Überblick, die im Folgenden detailliert am Text untersucht werden sollen
4. Analyse des Textes entsprechend den zuvor genannten Schwerpunkten
   – Nennen des Untersuchungsaspekts
   – Kennzeichnung des inhaltlichen Zusammenhangs, in dem er relevant ist
   – Aussagen zur Deutung
   – Aussagen zur sprachlichen Gestaltung als Beleg für die Deutungen

Auch das sind wichtige Tipps für eine Szenenanalyse

- Vergessen Sie bei dramatischen Texten nicht, die Regieanweisungen in die Analyse einzubeziehen.
- Beachten Sie, wie die Dialogpartner miteinander sprechen, welche Gesten sie vollführen und welche Beziehung sie zueinander verdeutlichen.
- Belegen Sie Ihre Deutungsaussagen mit dem Wortmaterial des Textes. Verweisen Sie entweder auf sprachliche Besonderheiten oder arbeiten Sie mit Zitaten.
- Bauen Sie Zitate korrekt in Ihren eigenen Satzbau ein oder arbeiten Sie mit Redeeinleitungen. Vergessen Sie nicht, die Fundstelle anzugeben. Beispiel: Mit dem Satz des Soldaten „Na, worauf soll'n wir noch warten? Und um zehn muss ich in der Kasern' sein" (S. 7) klingt zum ersten Mal das Motiv des Gehetztseins an, das auch in etlichen anderen Szenen des Dramas von zentraler Bedeutung ist.
- Verwenden Sie für die Beschreibung des Wortmaterials die entsprechenden Fachausdrücke (Wortarten, Satzglieder, rhetorische Figuren, ...).
- Schreiben Sie im Zusammenhang. Verlieren Sie den „roten Faden" nicht aus den Augen. Folgt ein neuer Gesichtspunkt, formulieren Sie nach Möglichkeit eine Überleitung.
- Machen Sie die gedankliche Gliederung Ihres Textes auch äußerlich durch Absätze deutlich.

Aus: Johannes Diekhans: G. E. Lessing, Nathan der Weise (Textausgabe). Paderborn: Schöningh Verlag 1997, S. 186–188 (leicht verändert)